Fakt und Fiktion am Beispiel der Historienserie „Vikings"

VWA – inklusive Forschungstagebuch

Elias Häfele, 8ar

Impressum

Bibliografische Information der Deutschen Nationalbibliothek: Die Deutsche Nationalbibliothek verzeichnet diese Publikation in der Deutschen Nationalbibliografie; detaillierte bibliografische Daten sind im Internet über dnb.dnb.de abrufbar.

Herstellung und Verlag: BoD – Books on Demand, Norderstedt

ISBN: 978-3750413924

Fakt und Fiktion am Beispiel der Historienserie „Vikings"

Vorwissenschaftliche Arbeit

Elias Häfele, 8ar

Name der Schule

Adresse der
Schule

Betreuerin: _____

Fraxern, Februar 2019

Abstract

In dieser Vorwissenschaftlichen Arbeit (VWA) wird versucht, die historischen Fehler („Fiktion") in der populären TV-Produktion des History Channels, „Vikings", zu finden und diese von den historischen belegbaren Tatsachen („Fakt") abzugrenzen. Dazu wird mehrschrittig vorgegangen, wobei neben den klassischen Forschungsmethoden wie Fachliteraturstudium und historisches Quellenstudium (Nordische Sagas und Angelsächsische Chroniken), besonderer Wert auf die **qualitativen Forschungsmethoden Forschungstagebuch** (welches extensiv geführt wird und zur Gänze dieser Arbeit beiliegt) und **Austausch mit (überregionalen) Fachexperten** gelegt wird (Der entsprechende E-Mail-Verkehr ist Teil des Anhangs).

Die beiden letzteren Forschungsmethoden haben dabei *formativen* Charakter für den gesamten Verlauf der Forschungs- und Schreibarbeit und liefern die Erkenntnisse, dass die Anbindung an ein Experten-Netzwerk von eminenter Bedeutung ist und das Führen eines Forschungstagebuches neben der Transparenz für Betreuer von Forschungsarbeiten auch ein wichtiges Instrument für weiteres wissenschaftliches Arbeiten an einer Universität darstellt.

Historische Fehler in der Serie „Vikings" werden anhand der genannten Forschungsmethoden identifiziert und in weiterer Folge verifiziert (bspw. durch Quellenstudium) bzw. falsifiziert (durch das Einholen einer Expertenmeinung). Die verifizierten Fehler werden kategorisiert und anhand des Schweregrades beurteilt. Die Fehlerbeschreibung erfolgt dabei ausführlich unter Einbeziehung des historischen Kontexts samt genauer Quellenangabe.

Abschließend werden Fehlerhäufigkeit und Schweregrad *deskriptiv-statistisch* ausgewertet und zur Hypothesenprüfung bezüglich der historischen Akkuratesse der TV-Produktion „Vikings" im gesamten und zu Unterschieden in der Fehlerhäufigkeit zwischen der ersten und den weiteren Staffeln verwendet.

Vorwort

Mit dieser Arbeit konnte ich das Nützliche mit dem Angenehmen verbinden: meine Vorliebe für TV-Produktionen, welche auf wahren Ereignissen beruhen und mein Interesse für Geschichte. Diese Synthese ist mir zwar gelungen, jedoch mit einem bedeutend höheren Aufwand als ich ursprünglich angenommen habe – die vorliegende Vorwissenschaftliche Arbeit benötigte mehrere Wochen Schreib- und noch mehr Denkarbeit.

Die Arbeit hat mir oft Spaß gemacht – wenn auch zuweilen neben den Anforderungen der Schule auch einen großen Stress verursacht - und ich bin nun gleichermaßen stolz wie erleichtert.

Ich habe eine ganze Menge dabei gelernt und damit meine ich weniger das systematische Arbeiten und korrekte vorwissenschaftliche Schreiben und Zitieren, sondern vielmehr, dass das (vor-) wissenschaftliche Arbeiten nicht ohne die Kommunikation mit und Unterstützung von vielen funktionieren kann. Deshalb will ich mich – und das ist der eigentliche Sinn dieses Vorworts - ganz herzlich bei euch allen für alles bedanken, bei

Mama und Papa, dem Team des ZID an der Universität Innsbruck, dem Kurator der Dauerausstellung „die Wikinger" am Nationalmuseum in Kopenhagen, Poul Otto Nielsen und natürlich meinem Betreuer, Prof. Mag. Reinhard Jäger.

Inhaltsverzeichnis

Abstract 3

Vorwort 5

1. Einleitung 8

2. Die Historienserie „Vikings" 10

2.a „Vikings" – Die Haupt-Handlungsstränge 11

Season 1: 11

Season 2: 11

Season 3: 12

Season 4: 12

Season 5: 13

3. Welcher historischen Quellen bedient sich „Vikings"? 15

4. Das Zeitalter der Wikinger 19

4.1 Die Wikinger Zeittafel 19

5. Historische Fehler in der Serie „Vikings" 24

5.a Personenfehler 27

5.a.1 Ragnar Lodbrok (Season 1) 27

5.a.2 Rollo bzw. Gånge Rolf (Season 1) 28

5.a.3 Lagertha bzw. Lathgertha (Season 1) 29

5.a.4 Ivar Ragnarsson (Beiname: der Knochenlose; Ívarr inn beinlausi) (Season 2) 32

5.a.5 Hrafna-Flóki Vilgerðarson (Season 1) 34

5.a.6 Athelstans Sohn (Season 3) 35

5.a.7 Judith (Iuthitta) von Flandern (Season 2) 35

5.b Ausstattungsfehler 37

5.b.1 Kleidung (alle Seasons) 37

5.b.2 Frisuren (alle Seasons)... 37

5.b.3 Armierung und Helme (alle Seasons)................................... 39

5.b.3.1 Helme der Soldaten von Wessex (Season 2)...................... 39

5.b.3.2 Tempel von Odin in Uppsala (Season 1).......................... 40

5.c. Chronologische Fehler.. 41

5.c.1 Die „Entdeckung" Englands (Season 1).............................. 41

5.c.2 Ragnars "Zeitreise" (Season 1) 41

5.d Die Stellung der Frauen in der Gesellschaft........................... 43

5.d.1 Frauen in der Ehe, als Herrscherinnen und als Verwalterinnen von Gutshöfen (Season 1) 43

5.d.2 Frauen als Kriegerinnen, Schildmaids (alle Seasons)................... 44

6.   Deskriptiv-Statistische Auswertung und Hypothesenprüfung.............. 47

7.   Zusammenfassung 52

Forschungstagebuch.. 55

Literaturliste... 71

Abbildungsverzeichnis 78

Anhang 79

Dokumentation der E-Mail-Korrespondenz mit Experten........................ 79

Korrespondenz mit dem Zentralen Informatik Dienst der Universität Innsbruck 79

Korrespondenz mit dem Kurator der Ausstellung „Die Wikinger" des dänischen Nationalmuseums in Kopenhagen. 82

Selbstständigkeitserklärung 87

Begleitprotokoll zur VWA Elias Häfele 88

Präsentationsfolien und Vortragsnotizen... 95

1. Einleitung

"History is the version of past events that people have decided to agree upon."
~ Napoleon Bonaparte

TV-Produktionen mit historischem Hintergrund erfreuen sich zunehmender Beliebtheit, wobei die derzeit ausgestrahlte irisch-kanadische Koproduktion des History-Channels, „Vikings", zu den erfolgreichsten der beiden letzten Jahrzehnte zählt (IMDB 2019).

„Vikings" zeigt in insgesamt 6 Staffeln das Leben und die Taten des legendären Wikinger-Anführers **Ragnar Lodbrok** und seiner Familie sowie die Kulturen und Lebensweisen jener Völker, die mit den Wikingern in Kontakt kommen.

Beim Betrachten der bemerkenswert gut ausgestatteten TV-Produktion stellt sich die Frage, wie genau es denn diese Serie mit den historischen Tatsachen nimmt bzw. konkret gefragt:

Welches sind die historischen Fehler („Fiktion") in der TV-Serie „Vikings" und welches die historisch belegbaren Tatsachen („Fakt")?

Zur Beantwortung dieser Fragestellung wird in mehreren Schritten vorgegangen, wobei unterschiedliche qualitative Forschungsmethoden zum Einsatz kommen:

In Kapitel 2 werden die für die spätere Fehleranalyse relevanten Handlungsstränge und Personen in „Vikings" dargestellt, im 3. Kapitel die zugrundeliegenden historischen Quellen (Sagas, Erfahrungsberichte und Chroniken) identifiziert und beschrieben, wofür neben dem Quellenstudium auch Interviews mit Fachexperten genutzt werden. Das 4. Kapitel enthält im Kern eine tabellarische Übersicht der wichtigsten Begebenheiten des Wikinger-Zeitalters und soll als Referenz für die Identifikation und die Beschreibung chronologischer Fehler im nächsten

Kapitel dienen. Das 5. Kapitel stellt den Hauptteil dieser Arbeit dar und beschreibt ausführlich die durch historisches Quellenstudium und Befragung von Fachexperten identifizierten historischen Fehler in „Vikings". Diese Fehler werden zusätzlich kategorisiert und entsprechend des Schweregrades beurteilt, was der deskriptiv-statistischen Auswertung im letzten (6.) Kapitel dienen soll. In diesem erfolgt durch die Fehlerauswertung die Beurteilung der historischen Genauigkeit von „Vikings" im Gesamten und die Prüfung auf Unterschiede in der Fehlerhäufigkeit zwischen der ersten und den übrigen Staffeln.

Sämtliche Arbeitsschritte werden im sorgfältig geführten Forschungstagebuch begleitet, welches durch seinen **reflektierenden Charakter** steuernd (im bestmöglichen Sinn) auf den gesamten Arbeits- und Forschungsprozess einwirkt.

2. Die Historienserie „Vikings"

„Experience has taught me, that fact is stranger than fiction.
Indeed, that's one of the reasons I don't personally like fantasy."
~ Michael Hirst

„Vikings" (2013-2019) ist eine für den kanadischen TV-Sender History Channel[1] produzierte und auf 6 Staffeln (Seasons) ausgelegte irisch-kanadische Historienserie, welche vom englischen Screenwriter Michael Hirst geschrieben und produziert wird (vgl. Horgan 2015).

Der britische Historiker, Archäologe und Dokumentarfilmer Justin Pollard fungiert als historischer Berater für die Serie. Pollard zeichnete unter anderem auch für die mehrfach prämierten Kino- und TV-Produktionen „Elizabeth", „Peaky Blinders" und „The Tudors" verantwortlich (vgl. IMDB 2018).

Hirst bemerkt zum Thema Authentizität und zur Zusammenarbeit mit Pollard:

„Long before I start to write, I spend weeks, even months, rummaging about in accounts of Viking life, society, and culture, teasing out story lines and watching as various characters begin to emerge from the material and claim my attention. In this process I'm helped by our historical adviser, Justin Pollard, an expert on the Dark Ages. Justin carefully guides me through the labyrinth of Viking myth, legend, and historical account so that I know my narrative is as credible and as authentic as I can make it." (Pollard; Hirst 2015, S. 8)

„Vikings" hat sich zu einer weltweit höchst erfolgreichen Show entwickelt, mit einem Durchschnittsrating von 8,6 (von 10) auf IMDB[2]

---

[1] https://www.history.ca/shows/vikings/
[2] Internet Movie Database, www.imdb.com.

und einer durchschnittlichen Nachfragerate von 15,22 pro 100 Kopf (vgl. Yohannes 2019).

2.a „Vikings" – Die Haupt-Handlungsstränge

Season 1:

Die erste Staffel (Premiere am 3. März 2013) besteht aus 9 Episoden und thematisiert den Beginn der Wikingerzeit, markiert durch den Überfall auf das Kloster Lindisfarne im Jahr 793 (vgl. Krause 2013, S. 47 ff.) durch Ragnar Lodbrok und seine Gefolgsleute, sowie den Aufstieg Ragnars zum Jarl[3]. Von Lindisfarne nimmt Ragnar den Mönch Aethelstan als Sklaven mit; dieser freundet sich mit Ragnar und seiner Familie (Ehefrau Lagertha und Sohn Björn) an. Lodbrok macht sich auf einem neuerlichen Raubzug König Aelle von Northumbrien zum Todfeind.

Season 2:

Die zweite Season besteht aus 10 Episoden (Premiere am 27. Februar 2014) und behandelt über weite Strecken politische Intrigen anderer skandinavischer Jarls (sowie Ragnars Bruder Rollo) gegen Ragnar, aus denen dieser siegreich hervorgeht. Ragnar verlässt seine Familie für Aslaug, mit der dieser 4 Kinder (Ubbe, Hvitserk, Sigurd Schlange im Auge, Ivar der Knochenlose) haben wird. Bei einem neuerlichen Raubzug trifft Ragnar auf Egbert, den König von Wessex, der gestärkt durch ein Bündnis mit König Aelle (Egberts Sohn, Prinz Aethelwulf, heiratet Aelles Tochter Judith) den Angriff der Wikinger abwehren kann.

---

[3] „Jarl" war, ähnlich dem Angelsächsischen „Earl", ein Fürstentitel in Skandinavien und bedeutete einen hohen Rang. Der Titelinhaber musste Runen-schriftkundig sein und war auch zu Weihehandlungen befugt (Wikipedia 2019b).

Egbert bietet Ragnar ein Bündnis an, im Rahmen dessen die Wikinger Siedlungsland erhalten und im Gegenzug als Söldner zur Verfügung stehen. Aethelstan wird ob seiner Schrift- und Sprachenkundigkeit zum Vertrauten des bildungsaffinen Egbert. Lagertha wird zum Jarl von Haithabu. Ragnar tötet den intriganten König Horik von Dänemark und steigt selbst zum König auf.

Season 3:

Die dritte Staffel umfasst 10 Episoden (Premiere am 19. Februar 2015) und zeigt ausführlich die Belagerung und schlussendliche Einnahme der westfränkischen Hauptstadt Paris (unter Karl dem Kahlen) durch Ragnar und Rollo. Ragnar zieht nach der Zahlung eines stattlichen Lösegeldes mit einem Großteil seiner Männer ab. Rollo bleibt mit einer kleineren Anzahl Männer als Nachhut zurück. Um weitere Wikingerangriffe abzuwehren, hebt Karl der Kahle Rollo in den Adelsstand, vermählt ihn mit seiner Tochter Gisla und gibt ihm ein großes Lehen. Als Gegenleistung verlangt Karl die zukünftige Verteidigung von Paris gegen Invasoren, worauf dieser einwilligt. In Wessex geht Aethelstan mit Egberts Schwiegertochter Judith eine Affäre ein; Judith wird schwanger und gebiert ihren zweiten Sohn, Alfred.

Season 4:

Staffel 4 besteht aus 20 Episoden, die in 2 Zehnerpakete aufgeteilt wurden: Teil A hatte am 18.Februar 2016 Premiere, Teil B am 30. November desselben Jahres.

Nach einem Zeitsprung von rund 8 Jahren kehrt Ragnar sichtlich gealtert nach einem Leben als Eremit wieder in sein Heimatdorf Kattegat zurück und trifft dort auf seine erwachsenen Söhne. Sein ursprüngliches Ansehen hat stark gelitten und nur mit Mühe kann er eine kleine Mannschaft für eine letzte Fahrt nach Wessex zusammenstellen. Von seinen Söhnen begleitet ihn nur Ivar. In Wessex lässt er sich absichtlich gefangen nehmen und an König Aelle ausliefern. Dieser wirft ihn in eine Schlangengrube und Ragnar stirbt nach seinen letzten (historisch überlieferten) Worten: *"How the little pigs would grunt if they knew how the old boar suffered."* (Ferguson 2010, S. 143)

Ivar kehrt nach Kattegat zurück und organisiert dort gemeinsam mit seinen Brüdern das „Große Dänische Heer". Dieses segelt nach Northumbrien und besiegt König Aelle. Aelle wird von Ivar durch die Blutaar-Folter getötet. Anschließend erobert das große Heer Wessex. Egbert übergibt seinem Sohn Aethelwulf vorher die Krone und begeht Suizid.

Season 5:

Auch die 5. Staffel besteht aus in 2 Zehnerpakete aufgeteilte Episoden, wobei Teil A am 29. November 2017 und Teil B[4] am 28. November 2018 erstausgestrahlt wurde.

Ragnars ältester Sohn, Björn, segelt mit einer kleinen Mannschaft bis nach Sizilien, wo er und seine Männer sich als Leibgarde des byzantinischen Statthalters Euphemios verdingen. Björn reist später gemeinsam mit Euphemios nach Nordafrika und begegnet dort dem muslimischen Herrscher Ziyadat Allah. In England erobert Ivar gemeinsam mit seinen Brüdern Hvitserk und Ubbe die Stadt York und verteidigt diese erfolgreich gegen mehrmalige Befreiungsversuche durch die Angelsachsen unter der Führung von König Aethelwulf. Floki verlässt England alleine in einem kleinen Boot und strandet an der isländischen Küste. Überzeugt, in Asgard gelandet zu sein, kehrt Floki nach Kattegat

---

[4] In der vorliegenden Arbeit können aus Zeitgründen (zum Zeitpunkt des Schreibens dieser Zeilen sind immer noch nicht alle Folgen der Unterstaffel B ausgestrahlt) nur die Inhalte inklusive der Unterstaffel A der 5. Season berücksichtigt werden.

zurück und rekrutiert dort einige Familien, die mit ihm als Siedler nach Island zurückkehren.

König Aethelwulf stirbt, ohne einen Nachfolger zu benennen. Seine Ehefrau Judith bringt ihren erstgeborenen Sohn Aethelred dazu, zugunsten seines Halbbruders Alfred auf den Thron zu verzichten.

3. Welcher historischen Quellen bedient sich „Vikings"?

Die Serie hat in den ersten vier Staffeln den Fokus vornehmlich auf der legendären Figur des Ragnar Loðbrókar, seiner Familie und seinen Taten und schöpft hierfür aus den bekannten Niederschriften der Wikinger-Sagas „Loðbrókar" – Die Geschichte Ragnar Lodbroks und „Ragnarssona þáttr" – Die Geschichte (þáttr) der Söhne Ragnars (vgl. Hagen 1828, S. 3 ff.) (beide entstanden im 13. Jahrhundert) sowie der Gesta Danorum (Buch IX) des christlich dänischen Historikers Saxo Grammaticus (entstanden im 12. Jahrhundert).

Weitere wichtige Quellen sind:

- Das Krákumál (vgl. Þorgeirsson 2003), ein altnordisches skaldisches[5] Sterbelied in 29 Strophen zu je 10 Zeilen, welches vermutlich im 12. Jahrhundert auf den schottischen Orkneyinseln entstanden ist. Das Krákumál ist in Form eines Monologes gehalten, in dem Ragnar – sterbend in König Ællas Schlangengrube liegend – auf sein Leben gefüllt mit heldenreichen Taten zurück blickt (vgl. Simek; Hermann Pálsson 1987, S. 218).
- Die Ragnarsdrápa (vgl. Finnur 1915), das älteste erhaltene skaldische Gedicht, verfasst im 9. Jahrhundert von dem norwegischen Poeten Bragi Boddason (vgl. Chisholm 1911, S. 197). Teile der Ragnarsdrápa sind in der später entstandenen Snorra-Edda überliefert.

---

[5] Skalden waren Poeten am Hofe skandinavischer und isländischer Herrscher während des Mittelalters (Krause 2013, S. 160).

- Über Lagertha, Ragnars erste Ehefrau, wird mehrfach im neunten Buch der Gesta Danorum berichtet (vgl. Grammaticus 1901, S. 301).
- Ragnars zweite Frau, Aslaug wird neben den Sagas „Loðbrókar" und „Ragnarssona þáttr" auch in den beiden folgenden Quellen erwähnt: Der Völsunga[6] saga (vgl. Jónsson 1944) und der Snorra-Edda (vgl. Jonsson 2014), ein im 13. Jahrhundert vom Dichter, Historiker und Politiker Snorri Sturluson verfasstes dichtungstheoretisches Werk (vgl. Winroth 2016, S. 187).

Alle oben genannten Quellen sind zu weiten Teilen auch fiktionale Darstellungen, basierend auf mündlich überlieferten Geschichten (Sagas) aus der skandinavischen Kulturgeschichte – niedergeschrieben zwischen 200 bis 400 Jahren nach den Ereignissen, die sie beschreiben.

Wichtige historische Quellen der in der Serie verarbeiteten Haupthandlungen sind:

- Die „Annales Xantenses" von Gerward, einem fränkischen Priester, der zwischen 832 und 852 ein Annalenwerk erstellte (vgl Löwe 1951), in welchem von der Einnahme Paris im Jahr 845 unter der Führung von Reginheri (die latinisierte Form von Ragnar) berichtet wird (vgl. Krause 2013, S. 98 ff.).
- Die „Vita Alfredi" von John Asser, einem walisischen Mönch, der 893, zu dessen Lebezeiten, eine Biografie des englischen Königs Alfred des Großen schrieb, in der die Überfälle der Wikinger (und deren Abwehr) ausführlich dargestellt werden (vgl. Giles 1906).

---

[6] Eine berühmte isländischen Saga aus dem 13. Jahrhundert, welche auch Elemente des deutschen Nibelungenliedes enthält. Aslaug ist die Tochter von Sigurd (entspricht Sigfried dem Drachentöter aus dem Nibelungenlied) und der Walküre Brynhild (vgl. Strerath-Bolz 1993).

- Der Augenzeugenbericht „Bella Parisiacae Urbis" von der Belagerung von Paris durch die Wikinger des Benediktinermönchs Abbo Cernuus (bzw. Abbo von Saint-Germain-des-Prés) aus dem 10. Jahrhundert (vgl. Germain 2007).
- Die „Gesta Normannorum" (entstanden zwischen 996 and 1015) des Geistlichen Dudo von Saint-Quentin, in welcher unter anderem vom Leben und den Taten Rollos und seiner Nachfahren berichtet wird (vgl. Lair 1865).
- Ahmad ibn Fadlāns Reisebericht („Risala") zu den Wolga-Wikingern aus dem 10. Jahrhundert, in dem detailliert und lebendig deren Lebensweise beschrieben wird (vgl. Fadlan 2011). Ebenfalls erzählt ibn Fadlān in seinem Werk ausführlich von einer Wikinger-Bestattung.
- Ahmad ibn Rustahs auch im 10. Jahrhundert verfasstes Kompendium seiner Reiseerfahrungen in dem unter anderem die Rus beschreiben und von ihm als Wikinger bezeichnet werden (vgl. Fadlan 2011).

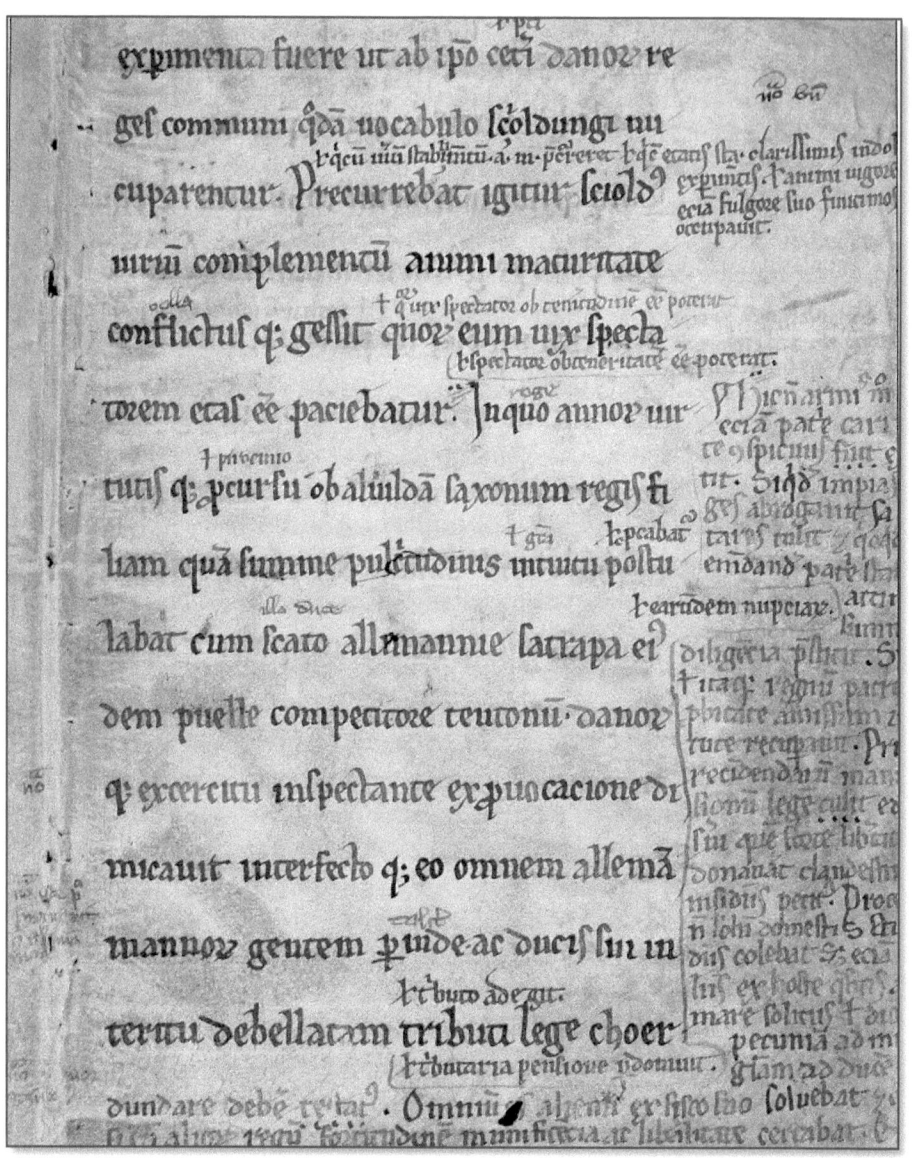

Abbildung 1: Die erste Seite des Angers Fragments der Gesta Danorum in der Handschrift des Saxo Grammaticus. (© Det Kongelige Bibliotek).

4. Das Zeitalter der Wikinger

Die reichhaltige **Kultur und Lebensweise der Wikinger**, ihre **Religion bzw. Kulte, interkulturelle Kontakte** sowie **die Stellung der Frauen in der Gesellschaft** werden in der Serie klischeefrei und historisch weitgehend korrekt dargestellt (dies ist in der TV-Geschichte in diesem Themenbereich bis dato einzigartig). Erfreulicherweise sind dazu auch aktuelle Forschungsergebnisse (welche in letzter Zeit vermehrt publiziert[7] werden) in die Produktion eingeflossen.

Historische Fehler in der Serie zu finden und zu analysieren ist ein erklärtes Ziel dieser Arbeit. Deshalb werden die oben genannten Themen nicht nur zu Gunsten der Übersichtlichkeit und Lesbarkeit, sondern auch zur Kontextualisierung ausführlich bei der jeweiligen Fehlerbeschreibung dargestellt.

4.1 Die Wikinger Zeittafel

Die folgende tabellarische Übersicht enthält die wichtigsten Begebenheiten des Wikinger-Zeitalters und dient als Referenz für die Identifikation und die Beschreibung chronologischer Fehler im 5. Kapitel. Die Hauptquellen für die Zeittafel sind die folgenden Werke, wobei zahlreiche eigene Ergänzungen eingefügt wurden: (vgl. Winroth 2016, S. 15 ff.) (vgl. Krause 2013, S. 275 ff.).

---

[7] Auf wissenschaftlichen Open Access Portalen wie bspw. Academia.edu, Digital Commons Network (https://network.bepress.com), oana.at und open-access.net kann dies durch eigene Recherchen nachvollzogen werden.

780	Der Sachsenführer Widukind flieht während der Sachsenkriege gegen die Franken unter Karl dem Großen wiederholt an den dänischen Königshof.
793, 8. Juni	Der Überfall der Wikinger auf das nordenglische Kloster Lindisfarne markiert den **Beginn der Wikingerzeit.**
Um 800	Gründung der „Handelsstadt" Birka in Schweden.
810	König Gudfred von Dänemark wird ermordet. Die Franken mischen sich vermehrt in die Thronfolgestreitigkeiten Dänemarks ein.
826	Der dänische König Harald Halfdansson erhält in Mainz die christliche Taufe. Der Missionar Ansgar begleitet Harald nach Dänemark.
Ab 835	Mit dem Überfall auf die Insel Sheppey beginnt die Zeit der wiederholten Plünderungen in England.
839	Wikinger greifen verstärkt Irland an.
Ab 840	Vermehrt Überfälle im Frankenreich.
844	Wikinger greifen Sevilla an.
845	Belagerung von Paris unter der Führung von Ragnar. Der Maure al-Ghazal („Die Gazelle") besucht den Hof des dänischen Königs Horik I. Der Missionar Ansgar wird aus Birka vertrieben.
852	Ansgar reist erneut nach Birka.
859 – 862	Wikinger plündern an den Küsten des westlichen Mittelmeers.
862, 863	Überfälle auf Köln und Xanten.
865	Das „große Heer" unter der Führung von Ivar, Halfdan und Ubbe landet in Ostanglien.
866	Das große Heer nimmt die Hauptstadt von Northumbrien, York, ein.
874	Norweger beginnen mit der Besiedlung Islands.

876	Beginn der dänischen Besiedelung in Ostengland.
878	Alfred der Große siegt in der Schlacht von Edington gegen die Dänen. Deren Anführer Guthrum lässt sich taufen.
879	Das große Heer plündert im Frankenreich an Maas und Rhein.
881	In der Schlacht bei Saucourt siegen die westfränkischen Könige Ludwig III. und Karlmann II. gegen die Wikinger.
881, 882	Plünderungen im Rheinland durch das große Wikingerheer, welches auch Köln, Bonn, Aachen, Trier und das Kloster Prüm angreift.
882	Der Rus-Herrscher Oleg vereinigt Kiew mit Nowgorod zum Reich der Rus.
885, 886	Belagerung von Paris durch ein Wikingerheer unter der Führung von Rollo.
Um 900	König Harald Schönhaar von Norwegen (Harald Hårfagre) siegt in der Schlacht am Hafrsfjord über seine Feinde. Damit setzt der Einigungsprozess Norwegens ein.
902	Die Wikinger werden vorübergehend aus Dublin vertrieben. Ab 902 beginnen die Könige von Wessex mit der angelsächsischen Rückeroberung des Danelags.
911	Rollo erhält am 11. Juli im Vertrag von Saint-Clair-sur-Epte vom westfränkischen König Karl III. das nordfranzösische Gebiet der Normandie.
912	Wikinger unternehmen Raubzüge im Kaspischen Meer.
922	Ibn Fadlan kommt als Gesandter des Kalifen von Bagdad nach Bulgar an der Wolga und trifft mit Rus zusammen.
930	Gründung des isländischen Althings in Þingvellir.
Um 930	Der norwegische König Harald Schönhaar stirbt.
937	Schlacht von Brunanburh in England.

954	Erik Blutaxt, ältester Sohn von Harald Schönhaar und letzter Wikinger-König von York, stirbt in der Schlacht bei Stainmore.
Um 965	Der dänische König Harald Blauzahn lässt sich taufen und forciert die Christianisierung Dänemarks.
Um 970	Gründung der Handelsstadt Sigtuna, die Birka ablöst.
Um 985	Isländer besiedeln Teile der grönländischen Küste.
987	Harald Blauzahn stirbt im Kampf gegen seinen Sohn Sven Gabelbart. Dieser wendet sich vom Christentum ab.
994	Sven Gabelbart belagert London und erhält hohe Tributzahlungen.
1000	Das isländische Althing entscheidet sich für die Annahme des Christentums.
Um 1000	Die Wikinger landen in Amerika; Entdeckung Vinlands. Nordfranzösische Normannen landen in Süditalien.
1002	Der angelsächsische König Aethelred befiehlt ein Massaker an allen in seinem Reich lebenden Dänen. Es kommt wahrscheinlich auch Gabelbarts Schwester ums Leben. Als Folge alljährliche dänische Angriffe.
1013	Sven Gabelbart fällt mit einem Heer in England ein. König Aethelred flieht in die Normandie. Gabelbart wird als englischer König anerkannt.
1014	Sven Gabelbart stirbt. In der Schlacht bei Clontarf fällt der irische König Brian Boru.
1016 - 1035	Sven Gabelbarts Sohn Knut herrscht über England, in weiterer Folge auch über Dänemark und Norwegen.
1029	Mit der Grafschaft Aversa entsteht der erste Normannenstaat in Süditalien.
1034	Harald Hardråde dient in Konstantinopel in der Warägergarde.

1042	Knuts letzter Sohn stirbt. Damit endet die Herrschaft dänischer Könige in England.
1047 - 1066	Harald Hardråde regiert als König von Norwegen.
1053	Bei Civitate unterliegen die päpstlichen Truppen den Normannen.
1066	Harald Hardråde fällt in Nordengland. Wilhelm der Eroberer aus der Normandie siegt in der Schlacht bei Hastings und wird englischer König. Haithabu wird endgültig zerstört. **Dies markiert das Ende der Wikingerzeit.**
Um 1070	Der Geistliche Adam von Bremen berichtet über eine heidnische Opferfeier in Uppsala. Einsetzende Christianisierung der Schweden.
1091	Ganz Süditalien und Sizilien stehen unter normannischer Herrschaft.
1096 - 1099	Normannen beteiligen sich am Ersten Kreuzzug ins Heilige Land. Sie gründen das Fürstentum Antiochien.

5. Historische Fehler in der Serie „Vikings"

Die beiden inhaltlich Hauptverantwortlichen für die Serie, Michael Hirst und Justin Pollard, zeichnen ein lebendiges, interessantes Bild der Wikingerzeit und die Erzählstränge erhalten eine inhaltlich große Breite und Tiefe. Wie bereits erwähnt, wird vieles historisch korrekt dargestellt (d. h. es wird auf historisch gesicherte Fakten Rücksicht genommen), bzw. in einer Weise interpretiert, die inhaltlich mit den überlieferten Sagas konform geht.

Justin Pollard bemerkt hierzu:

"Fundamentally I believe that, as L.P. Hartley said, the past is a foreign country – you cannot go there, you can only reconstruct what it might have been like and that reconstruction will always be flawed. I find it very sad when some reviewers review historical movies as though they 'know' what living in a particular century was like and 'mark' the film accordingly. They don't and often what they claim to know to be true is simply another interpretation of a scant historical record." (Staggs 2015)

Um eine größere Zuschauerschaft zu gewinnen, gegenüber konkurrierenden[8] Serien-Produktionen zu bestehen und damit die Produktion weiterer Seasons zu ermöglichen, müssen klarerweise auch einige Zugeständnisse bezüglich der historischen Akkuratesse gemacht werden. Michael Pollard äußert sich dazu in einem Artikel der NY-Times folgendermaßen:

"I especially had to take liberties with 'Vikings' because no one knows for sure what happened in the Dark Ages [...]. We want people to

---

[8] Ironischerweise wird „Vikings" von Zusehern und Kritikern oft mit der (hochgradig überschätzten) Serie „Game of Thrones" (GoT) verglichen, was absurd ist, da GoT reine Fantasy ist und die Geschichte des europäischen Frühmittelalters lediglich plündert, um damit – angereichert mit Sex und Gewalt - unter neuen Namen triviale Figuren, Geschichten und Orte zu kreieren, um eine möglichst große Anzahl von Zuseherinnen zu generieren.

watch it. A historical account of the Vikings would reach hundreds, occasionally thousands, of people. Here we've got to reach millions." (Gilbert 2018)

Und an anderer Stelle:

„I don't write for educational purposes - once again, I insist that I write drama. Nevertheless, I am thrilled when what I write and produce inspires teachers and students around the world to go back to their texts and rediscover a very different Viking world. An infinitely more ‚real' Viking world." (Pollard; Hirst 2015, S. 10).

In den folgenden Unterkapiteln werden die verorteten historischen Fehler zwecks Übersichtlichkeit nach der Fehlerart kategorisiert und zusätzlich auf Basis obiger Aussagen entsprechend des Schweregrades beurteilt.

Ich habe hierfür die folgenden **Beurteilungskriterien** erarbeitet:

Leichte Fehler: Fehler in dieser Kategorie sind aufgrund der schlechten Quellenlage im Interpretationsspielraum der zugrundeliegenden Sagas begründet und / oder für eine gute Dramaturgie notwendig bzw. legitim. Fehler dieser Art werden mit dem Symbol rechts gekennzeichnet.	
Mittelschwere Fehler: Dazu zählen Fehler, die vermeidbar wären, dramaturgisch aber einen deutlichen Mehrwert darstellen. Fehler dieser Art werden mit dem Symbol rechts gekennzeichnet.	

Schwere Fehler: Alle vermeidbaren Fehler, die zudem auch dramaturgisch nicht legitimiert werden können (also ein meiner Meinung nach sinnloser Fehler). Fehler dieser Art werden mit dem Symbol rechts gekennzeichnet.

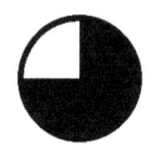

5.a Personenfehler

5.a.1 Ragnar Lodbrok (Season[9] 1)

Der in der Serie dargestellte Ragnar Lodbrok hält sich – wie bereits erwähnt – recht eng an den legendenhaften Ragnar aus den Sagas und Dichtungen Loðbrókar, Ragnarssona þáttr und Ragnarsdrápa. Offensichtlich fiktionale Elemente wie bspw. die Tötung eines Lindwurms durch Ragnar Lodbrok – wobei ihn seine Lodenhose (Lodbrok) vor den giftigen Bissen schützt – wurden ausgelassen.

Die einzige historische Quelle sind die Annales Xantenses (Annalen von Xanten) der Jahre 832-852, die vom Überfall Paris durch Reginheri berichten. Dieser Reginheri ist nach Meinung renommierter Historiker das Vorbild für den später in der Sagaliteratur beschriebenen, legendenumrankten und heldenhaften Ragnar Lodbrok (vgl. McTurk 1991, S. 2 ff.).

Nach Meinung des Ragnar-Experten McTurk ist die Figur des Ragnar Lodbrok im Lauf der Zeit aus zwei Personen verschmolzen, wobei Reginheri (Ragnar), der Eroberer von Paris am Ostersonntag und Verbündete König Horiks I., wahrscheinlich dem dänischen Könighaus Gudfred I. zugeordnet werden kann (vgl. McTurk 1991, S. 2 ff.). Die zweite Person, Lodbrok, könnte McTurk zufolge eine Frau bezeichnen, da Loðbrók auch ein Frauenname war (abgeleitet von Loðbróka, einer Fruchtbarkeitsgöttin). Eine Loðbróka war tatsächlich auch die Mutter der – sowohl in angelsächsischen als auch in fränkischen Annalen mehrfach erwähnten - fünf Wikinger-Anführer Inwære (Ivar), Hubba (Ubbe), Healfdene, (Halfdan), Sigifrid (Sigurd) und Berno (Björn) (vgl. Guldager-Boye 2018).

---

[9] In Klammern wird jeweils angegeben, welcher Season der beschriebene Fehler zugeordnet wird. Dies dient der späteren deskriptiv-statistischen Auswertung.

Eine Vaterschaft Ragnars ist allerdings höchst zweifelhaft; erst die Legendenbildung im Zuge der mündlichen Weitergabe der Sagas durch die Skalden (oral tradition) hat den berühmten Reginheri bzw. Ragnar zum Vater dieser erfolgreichen Wikinger-Anführer gemacht und gleichzeitig den Namen der Mutter, Loðbróka, zum männlichen Beinamen: Ragnar Lodbrok (vgl. McTurk 1991, S. 6 ff.).

Denkbar wäre auch, dass sich Loðbrókas Söhne noch zu Lebzeiten selbst zu Ragnarssons gemacht haben, um den eigenen Ruhm durch die berühmte Herkunft noch zu vergrößern.

5.a.2 Rollo bzw. Gånge Rolf (Season 1)

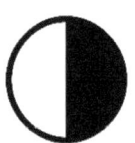

„Rollo" ist die latinisierte Form von Hrólfr (Rolf). Den Beinamen „Gånge" erhielt Rolf angeblich, da er aufgrund seiner Körpergröße zu schwer für ein Pferd[10] war und deshalb immer gehen („gå") musste (vgl. Sturlson 1230). Rollo wurde ca. 860 geboren, wobei der Geburtsort nicht genau angegeben werden kann; der geistliche Chronist Dudo von Saint-Quentin gibt in seiner Gesta Normannorum (entstanden zwischen 996 and 1015) Dänemark als Geburtsland an (vgl. Lair 1865).

Laut verschiedenen Quellen führten Rollos Reisen und Beutezüge ihn zuerst nach Schottland und dann über England (wo sich Rollo mit Guthrum anfreundete (vgl. Ferguson 2010, S. 174 ff.)) und Flandern bis ins Frankenland (Encyclopaedia Brit. 2019). Rollo und seine Männer eroberten dort 876 Rouen und konnten die nächsten Jahre auch die Kontrolle über die Stadt halten (vgl. Ferguson 2010, S. 182).

Rollo lernte in Rouen die fränkische Adelige Poppa kennen, die er später heiratete (vgl. Lair 1865).

---

[10] Pferde hatten zur damaligen Zeit eine Widerristhöhe von lediglich 130 cm, was einer heutigen Ponygröße entspricht (vgl. Hirschberg 2013).

Laut Dudo belagerten Rollo und seine Männer 885-886 Paris, konnten die stark befestigte Stadt aber nicht einnehmen; nach der Zahlung eines Tributs durch Karl III. (des Ostfrankenreichs) zogen die Belagerer wieder ab. Am 11. Juli 911 wurde zwischen Rollo und König Karl III. (von Westfranken, Beiname: „der Einfältige[11]") der Vertrag von Saint-Clair-sur-Epte geschlossen, in dem Rollo (nach seiner christlichen Taufe) ein Gebiet am Unterlauf der Seine als Lehen erhielt. Rollo verpflichtete sich im Gegenzug, das Land gegen weitere Wikingerüberfälle zu verteidigen. Zur Besiegelung heiratete Rollo die (wahrscheinlich uneheliche) Tochter Karls, Gisla (vgl. Ferguson 2010, S. 182). Dies war die Geburtsstunde des **normannischen Reiches**.

Wahrscheinlich starb Rollo im Jahr 930; sein und Poppas Sohn Wilhelm I. (genannt Langschwert) folgte ihm als Graf von Rouen und Jarl der Normannen nach.

Rollo war definitiv nicht Ragnars Bruder (weder des historischen Reginheri noch des Saga-Ragnars) und hat diesen auch nie getroffen (Reginheri starb vor der Geburt Rollos).

5.a.3 Lagertha bzw. Lathgertha (Season 1)

Lagertha (latinisierte Form von Hlaðgerðr) war eine legendäre Schildmaid und die erste Frau Ragnar Lodbroks. Lagerthas Leben und Taten werden im neunten Buch der Gesta Danorum des christlichen Historikers Saxo Grammaticus beschrieben (vgl. Grammaticus 1901, S. 301 f.).

Laut Grammaticus war Lagertha eine kampferprobte, am Hofe des norwegischen Königs lebende Schildmaid, die vom einfallenden schwedischen König Frø samt den anderen Hoffrauen in einem Bordell zur Prostitution gezwungen wurde. Ragnar, der Enkel des getöteten

---

[11] Gemeint ist „der Geradlinige".

norwegischen Königs eilt zur Hilfe und wird Zeuge, wie Lagertha zusammen mit einigen anderen Frauen, in Männerkleidung gegen die Schweden kämpft:

„Unter diesen war auch die Lathgertha, eine kriegserfahrene Frau, die mit männlichem Mute in der jungfräulichen Brust, mit ihrem auf die Schultern fallendem Haare voran unter den tüchtigsten Streitern kämpfte. Alle bewunderten ihre unvergleichliche Kampfeshilfe, – denn das bis auf den Rücken hinabwallende Haupthaar verriet sie als Frau, [...]" (Grammaticus 1901, S. 301)

Beeindruckt von Lagerthas Tapferkeit, hält Ragnar um ihre Hand an, muss aber zuerst eine von ihr auferlegte Prüfung bestehen (Einen Bären und Wachhund überwinden). Ragnar besteht die Prüfung und aus der Ehe gehen zwei (nicht namentlich genannte) Töchter und ein Sohn, Fridlew, hervor. Von Fridlew wird in keiner der Wikinger-Sagas mehr berichtet.

In der Serie wird Björn als Ragnars und Lagerthas Sohn dargestellt, wie aber bereits weiter vorne ausgeführt, ist Björn ein Sohn Aslaugs, Ragnars dritter Frau (nach Lagertha und Thora).

Interessant finde ich besonders den folgenden Aspekt in Saxo Grammaticus' Niederschrift altnordischer Sagas: Trotz seiner immer wieder spürbaren misogynen Grundhaltung (die scheinbar allen frühen christlichen Historikern bzw. Chronisten inhärent ist) kann Saxo das in den altnordischen Sagas verbreitete Bild eigenständiger, kämpferischer und angesehener Frauen nicht nivellieren (siehe bspw. die zitierte Textpassage oben); Saxos Abwertungsversuche sind m.E. in Form von persönlichen Umdeutungen bzw. Zurechtdeutungen eindeutig als solche erkennbar, wie die beiden folgenden Textbeispiele zeigen:

„Er [Ragnar] dachte übel von der Treue seiner Gemahlin, weil er sich erinnerte, dass sie dereinst zu seinem Verderben wilde Tiere ihm entgegengestellt hatte." (Grammaticus 1901, S. 302). (Saxo nimmt

Lagerthas voreheliche Prüfung Ragnars als Rechtfertigung für Ragnars Trennung von Lagertha zugunsten von Thora).

„Als Lathgertha aus der Schlacht[12] nach Hause kam, erstach sie mit einer Pfeilspitze, die sie im Kleide verborgen hatte, bei Nacht ihren [zweiten] Gemahl und übernahm an seiner Statt die Herrschaft über das Reich. Der trotzige Sinn der Frau wollte nicht das Reich mit dem Gemahle teilen, sondern ohne Mann herrschen." (Grammaticus 1901, S. 304) (Saxo ignoriert jeglichen Subtext der zugrundeliegenden altnordischen Sagas und unterstellt Lagertha platte Motive).

Für Lagertha gibt es außerhalb der Legenden keine evidenzbasierten historischen Entsprechungen; Wissenschaftler vermuten, dass Saxo Grammaticus neben den mündlich überlieferten Sagas auf verloren gegangene isländische Quellen zurückgegriffen hat (vgl. Jesch 2005). Für die historisch umstrittenen Schildmaids hingegen häufen sich in den letzten Jahren die Beweise, welche stark für deren Existenz sprechen – weshalb ich diesen auch einen eigenen Eintrag gewidmet habe.

---

[12] Ragnar bittet Lagertha um Hilfe beim Kampf gegen ausständige Jüten und Schonen unter Harald. Lagertha kommt ihm mit 120 Schiffen zu Hilfe und besiegt die Aufständischen.

5.a.4 Ivar Ragnarsson (Beiname: der Knochenlose; Ívarr inn beinlausi) (Season 2)

 Ivar wird nicht nur ausführlich in den Sagas Loðbrókar und Ragnarssona þáttr beschrieben, sondern auch in frühmittelalterlichen Quellen wie der Angelsächsischen Chronik[13] und den Annalen von Ulster[14] mehrfach erwähnt.

Ivars Existenz ist gesichert, strittig ist jedoch die Herkunft seines Beinamens „der Knochenlose". Laut der Saga Loðbrókar beruht Ivars Knochenlosigkeit (in den Beinen) auf einem Fluch: Seine Mutter, Aslaug Sigurdsdottir, war eine „vǫlva" (Seherin und Schamanin), die Ragnar davor warnte, in den ersten drei Nächten nach der Hochzeit die

Abbildung 2: Ivar der Knochenlose (dargestellt von Alex Høgh Andersen, © History Channel).

Ehe zu vollziehen. Ragnar hielt sich jedoch nicht daran und die Folge war Sohn Ivars Gehunfähigkeit (von manchen Historikern als Osteogenesis imperfecta – Glasknochenkrankheit gedeutet (vgl. Hanson 2016)). Diese schien Ivar jedoch nicht davon abgehalten zu haben, als einer der Anführer des Großen Heers eine Vielzahl von siegreichen Schlachten gegen die Angelsachsen zu führen und Mercia, East Anglia sowie große Teile von Northumbria dem Danelag einzuverleiben und später auch in Irland aktiv zu werden.

Ivars Kampfkraft wird in anderen Quellen auch mit dem Berserkertum in Verbindung gebracht (vgl. englishmonarchs.co.uk 2018b). Auch wenn

---

[13] Sammlung angelsächsischer Annalen mit regelmäßigen Einträgen ab dem Ende des 9. Jahrhunderts (bis 1154) (Wikipedia 2018).
[14] Die Annalen sind in irischer Sprache (Gaeilge) und umfassen Einträge von 431 bis 1540 (Wikipedia 2019a).

die Kompensation seiner Behinderung in der Serie glaubhaft vermittelt wird, erscheinen die folgenden Theorien verschiedener Historiker zu Ivars Beinamen plausibler:

- Die von den Wikingern verliehenen Beinamen hatten oft einen ironischen Subtext und „beinlausi" kann sich demzufolge auch auf einen besonders großgewachsenen Mann oder aber einen besonders beweglichen Kämpfer beziehen (vgl. Baker; van Leeuwen 2003).
- Rory McTurk hebt hervor, dass „beinlausi" in einigen norwegischen Erzählungen eine Bezeichnung für Wind sei, sodass damit Ivars Fähigkeiten als Seemann gemeint sein könnten (vgl. McTurk 1991, S. 40 f.).
- Eine Beschreibung Ivars in Ragnarssona þáttr wird auch als Impotenz bzw. Liebesunfähigkeit gedeutet:
  „Ivar the Boneless was king in England for a long time. He had no children, because of the way he was: with no lust or love - but he wasn't short of cunning and cruelty. And he died of old-age in England and was buried there. Then all Ragnar's sons were dead." (Tunstall 2005).
- Ivar wird verschiedentlich als außerordentlich listig, schlau und strategisch begabt beschrieben - Merkmale die die Wikinger auch Schlangen zuschrieben (vgl. Ferguson 2010, S. 145). Ivar hat demnach durch seine Mutter Aslaug einige der Fähigkeiten des norwegischen Königsgeschlechts der Völslungen vererbt bekommen, genauso wie sein Bruder Sigurd mit dem Beinamen „Schlange im Auge" (gemeint ist, dass er den durchdringenden Blick einer Schlange hatte).
- Laut den Annalen von Ulster ist Ivar 873 in Dublin gestorben. In den „Fragmentary Annals of Ireland" (entstanden im 11. Jahrhundert) wird sein Sterbejahr ebenfalls mit 873 angegeben und als Todesursache eine plötzliche und grausame Krankheit genannt (vgl. Newlon 2004). Eventuell haben die

(krampfartigen) Auswirkungen dieser Erkrankung auch zu dem später verliehenen Beinamen geführt.

5.a.5 Hrafna-Flóki Vilgerðarson (Season 1)

Flóki Vilgerðarson (geb. um 830 in Norwegen) war der erste Wikinger, der freiwillig nach Island segelte und dort (mit seiner Familie) siedelte. Flokis Geschichte ist im isländischen Manuskript Landnámabók („Landnahmebuch", entstanden im 11. Jahrhundert) dokumentiert, welches detailliert und in genealogischer Form mehr als 3000 Siedlerinnen und 1400 Siedlungen beschreibt (Þórðarson 1350).

Floki bekam seinen Beinamen (Hrafna, Rabe) durch die Art, wie er sich an Island (damals noch Garðarshólmi genannt) heran navigierte: Er ließ an Bord drei Raben frei, einer kehrte zurück zum Startpunkt auf den Faröer-Inseln, einer zurück zum Boot, der dritte flog nach Nordwesten ohne zurückzukehren.

Abbildung 3: Flóki (dargestellt von Gustaf Skarsgård, © History Channel).

Diesem folgte Floki mit seiner Familie und sie landeten und siedelten in Vatnsfjörður am Barðaströnd (Saga Museum Reykjavik 2016). Floki ist auch der Namensgeber Islands: Im Frühjahr sah er von einem Berg aus den Fjord Ísafjarðardjúp, bedeckt von Treibeis – beeindruckt nannte Floki zukünftig die Insel „Ísland" (Eisland) (vgl. Byock 2001).

Es gibt keinerlei Hinweise darauf, dass Floki Ragnar gekannt haben könnte, und wenn, dann wäre Floki im Todesjahr Ragnars nicht mehr als 10 Jahre alt gewesen.

5.a.6 Athelstans Sohn (Season 3)

 Der Mönch Athelstan, den Ragnar aus Lindisfarne mitbringt (und sich mit ihm anfreundet), ist ein komplett fiktionaler Charakter. Athelstan ist zwar ein wichtiger Teil der Storyline (er avanciert sogar zum Publikumsliebling) und fungiert als Mittler zwischen Paganismus und Christentum, muss ansonsten aber für einen argen historischen Fehler verantwortlich zeichnen, der auch dramaturgisch keinesfalls rechtfertigbar ist: Athelstan zeugt während einer Affäre mit Aethelwulfs Frau, Judith, den zukünftigen König von Wessex, Ælfred.

Hier ist auch kein Raum für historische Spekulationen; zahlreiche Chronisten, darunter auch Alfreds Hausbiograph, Asser, nennen als Eltern von Alfred den König Æthelwulf von Wessex und seine Frau Osburh (vgl. englishmonarchs.co.uk 2018a).

5.a.7 Judith (Iuthitta) von Flandern (Season 2)

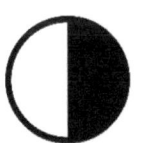 Judith war nicht, wie in der Serie dargestellt, die Tochter von König Ælle von Northumbrien, sondern vielmehr die älteste Tochter (geb. um 843) von Karl II. von Westfranken (Karl der Kahle) und Irmentrud von Orléans (vgl. Cawley 2018). In erster Ehe war sie mit König Æthelwulf von Wessex verheiratet (vgl. Ward 2006, S. 120 f.).

Judiths Charakter hätte in der Serie nicht durch Dichtung „aufgewertet" werden müssen, da ihr Leben interessanter verlief als jegliche Fiktion:

Æthelwulf hatte Judith auf dem Rückweg von einer Pilgerfahrt nach Rom während einer Rast am Hof von Karl II. kennengelernt. Æthelwulf war zum Zeitpunkt der Hochzeit 61, Judith 14 Jahre alt. Judith wurde zur Queen von Wessex gekrönt (und vom Erzbischof gesalbt), was gegen alle Sitten und Traditionen in Wessex verstieß: Die Frauen von Königen hatten dort lediglich den Status von Ehefrauen (vgl. Geary 2009, S. 51 ff.).

Die Ehe führte zur Rebellion durch Æthelwulfs ältesten Sohn, Æthelbald, der einen Halbbruder höherer Abstammung fürchtete und zur (friedlichen) Teilung des Königreiches. Mit dem Tod Æthelwulfs endete die 1,5-jährige kinderlose Ehe. Æthelbald folgte als König nach und heiratete – wohl zur Prestigeerhöhung bei den Franken - seine Stiefmutter, was den Chronisten Asser erzürnte:

"Once King Æthelwulf was dead, Æthelbald, his son, against God's prohibition and Christian dignity, and also contrary to the practice of all pagans, took over his father's marriage-bed and married Judith, daughter of Charles, king of the Franks, incurring great disgrace from all who heard of it." (Asser; Cook 1906, S. 17).

Nach nur zweijähriger, ebenfalls kinderloser Ehe, starb auch Æthelbald, woraufhin Judith nach Westfranken zurückkehrte, wo ihr Vater sie ins Kloster von Senlis schickte. Nach einem knappen Jahr brannte sie von dort mit einem gewissen Balduin durch, was ihren Vater so erzürnte, dass er die Exkommunikation des Paares forderte. Eine persönliche Petition des Paares an Papst Nikolaus I. konnte die Exkommunikation abwenden und führte zur Versöhnung mit Karl II. Balduin bekam die Grafschaft Flandern zugeteilt (welche er erfolgreich gegen die Wikinger verteidigte) und das Paar hatte drei Kinder.

Judith starb jung an unbekannter Ursache um das Jahr 870 (vgl. Prosopography of Anglo-Saxon England 2019).

5.b Ausstattungsfehler

5.b.1 Kleidung (alle Seasons)

Die vorherrschende Farbe in der in der Serie getragenen Kleidung ist braun bzw. schwarz, mit einem hohen Anteil an Leder. Dies ist wohl der Absicht der Produzentinnen geschuldet, die Protagonisten kühn und verwegen anmuten zu lassen (vgl. Pollard; Hirst 2015, S. 40 f.). Tatsächlich war die (hauptsächlich aus Flachs und Wolle gefertigte) Kleidung der Wikinger viel bunter - beliebt waren lebendige Farben wie gelb, blau und rot (vgl. Short 2019a). Leder kam hauptsächlich bei der Fertigung von Schuhen und Armierung zum Einsatz (vgl. Nationalmuseet København 2018).

5.b.2 Frisuren (alle Seasons)

Zeitgenössische Darstellungen, Sagas, Berichte christlicher Chronisten sowie historische Funde (Kämme, Haarspangen etc.) bestätigen, dass gepflegtes (regelmäßig gewaschenes) langes Haar (oft zu kunstvollen Zöpfen geflochten) bei skandinavischen Männern und Frauen, sowie regelmäßig gekämmte Bärte bei Männern Standard waren (vgl. Berg Petersen 2012). Das gepflegte Haupthaar der Wikinger machte einen dermaßen großen Eindruck auf die Angelsachsen, dass sich Chronisten wie bspw. Alcuin von York und John of Wallingford bemüßigt fühlten, entsprechend warnende Einträge in ihren Aufzeichnungen vorzunehmen (vgl. Ferguson 2010, S. 257):

„They were wont, after the fashion of their country, to comb their hair every day, to bathe every Saturday, to change their garments often, and set off their persons by many such frivolous devices. In this manner they laid siege to the virtue of the married women, and persuaded the daughters even of the nobles to be their concubines." (Stevenson 1853, S. 558)

Abbildung 4: Floki und Ragnar mit nicht authentischer Haartracht (© History Channel).

Auch der extensive Einsatz von Augen-Makeup bei Männern und Frauen sowie von großflächigen Tätowierungen (vgl. Fadlan 2011) wird in „Vikings" korrekt dargestellt. Das Scheren des gesamten Kopfes war jedoch nicht üblich und hätte bei den skandinavischen Temperaturen und den nautischen Winden wohl auch rasch zu Erfrierungen geführt.

5.b.3 Armierung und Helme (alle Seasons)

Die Waffen der Wikinger, Speere, Schilde, Streitäxte und Schwerter, werden korrekt dargestellt (vgl. Short 2019b), unstimmig ist jedoch die Darstellung der Armierung: Die Wikinger tragen in den Kampfszenen nie Helme und kaum Kettenarmierungen. Dies ist für komplette Kettenhemden zwar zutreffend, da sich kaum jemand eine solche Menge Eisen leisten konnte, nicht aber für Teilarmierungen und Helme aus Eisen oder Leder, die regelmäßig getragen wurden, zählten Kopfwunden doch zu den häufigsten Kampfverletzungen (vgl. Short 2019c).

Abbildung 5: Reproduktion eines Wikinger-Helmes und Kettenhemdes (© Nationalmuseet København).

5.b.3.1 Helme der Soldaten von Wessex (Season 2)

In mehreren Szenen der 2. Staffel tragen die Soldaten von Wessex Helme, die erst zu Beginn des 16. Jahrhunderts erstmalig auf dem Festland gefertigt wurden: die Sturmhaube bzw. Burgonet, leicht erkennbar am prominenten Kamm im Scheitelbereich des Helmes (vgl. Flynt 2019). Die angelsächsischen Helme hatten ebenso wenig einen solchen Kamm wie die Wikingerhelme.

Abbildung 6: Aethelwulf in Begleitung eines Burgonet-tragenden Soldaten (© History Channel).

5.b.3.2 Tempel von Odin in Uppsala (Season 1)

 In der ersten Staffel wird ein im Tempel von Uppsala durchgeführtes Opferritual gezeigt, ähnlich jenem, welches Adam von Bremen in seiner Chronik „Gesta Hammaburgensis ecclesiae pontificum" (entstanden 1070-1076) im Vierten Buch beschreibt (vgl. Adam; Schmeidler 1917). Der gezeigte Tempel befindet sich – im Gegensatz zum Originaltempel – in den Bergen und ist eindeutig eine (christliche) Stabkirche, wie sie allerdings erst im 12. und 13. Jahrhundert erbaut wurden - der Übergangszeit vom Paganismus ins Christentum (vgl. Krause 2013, S. 204).

5.c. Chronologische Fehler

5.c.1 Die „Entdeckung" Englands (Season 1)

 In der ersten Season wird vermittelt, dass Ragnar ein unbekanntes Land im Westen vermutet, welches er gegen den Willen seines Jarls zu erkunden gedenkt, was in weiterer Folge zur Plünderung des Klosters von Lindisfarne am 8. Juni 793 führt.

In Wahrheit waren die Inseln im Westen den (Vorfahren der) Wikinger(n) schon beträchtliche Zeit früher bekannt: Auf den Orkney- und Shetlandinseln, den Hebriden und in Irland existierten bereits zum damaligen Zeitpunkt norwegische Siedlungen, was Ausgrabungen in Dublin im Jahr 2015 eindrucksvoll bestätigen: Mit Hilfe der Radiocarbonmethode wurde das Sterbedatum junger Männer in vier Wikingergräbern mit einer Wahrscheinlichkeit von 68 Prozent für einen Zeitraum zwischen 690 und 790 bestimmt (vgl. Atwood 2015).

Gareth Williams, Kurator für mittelalterliches Münzwesen im British Museum, bringt den Zusammenhang zwischen den Überfällen auf Lindisfarne und der Wahrscheinlichkeit früherer Kontakte auf den Punkt:

"Most researchers accept now that the raids were not the first contact, as the old texts suggest. How did the Vikings know where all those monasteries were? It's because there was already contact. They were already trading before those raids happened." (Atwood 2015).

5.c.2 Ragnars "Zeitreise" (Season 1)

 Folgt man der Zeitlinie in „Vikings", dann war Ragnar beim Überfall auf Lindisfarne im Jahr 793 ungefähr 27 bis 30 Jahre alt und müsste demnach bei der Belagerung von Paris im Jahr 845 (siehe die Zeittafel in Kapitel 4) rund 80 Jahre

alt gewesen sein; bis zu seinem Tod im Jahr 865 in der Schlangengrube von König Aelle hätte er das stolze Alter von gut 100 Jahren erreicht.

5.d Die Stellung der Frauen in der Gesellschaft

5.d.1 Frauen in der Ehe, als Herrscherinnen und als Verwalterinnen von Gutshöfen (Season 1)

Das demokratische System des frühmittelalterlichen Skandinavien war hochentwickelt und unterschied sich deutlich von den christlich geprägten absoluten Monarchien im übrigen Europa (vgl. Winroth 2016, S. 131 ff.). Dem entsprechend war auch die Stellung der Frau bedeutend höher als in anderen Kulturen (vgl. Jesch 2005) – Frauen waren zwar Männern nicht gleich- aber dennoch hochgestellt und konnten neben der traditionellen Rolle (Weben von Stoff, Verarbeitung von Nahrungsmitteln, Kochen für die Familie etc.) auch Handel treiben, als Seherinnen kultische Handlungen vollziehen, Gutshöfe verwalten (siehe die Inschrift auf dem schwedischen Runenstein „Odendisastein" in der Abbildung rechts), neue Länder besiedeln und sich auch von ihren Männern scheiden lassen. Bei Gewalt in der Ehe bspw.: wurde die Frau dreimal von ihrem Mann geschlagen, konnte sie die Scheidung initiieren (vgl. Nationalmuseet København 2019).

Abbildung 7: Der schwedische Odendisastein trägt die Inschrift: „Der gute Hausherr Holmgautr ließ errichten nach Odindisa, seiner Ehefrau. Es wird keine bessere Hausfrau nach Hǫsumýrar kommen, die über den Hof bestimmt. Rot-Balli ritzte diese Runen. Sigmundr war seiner Schwester gut." (Quelle: Wikimedia Commons).

Allerdings war Frauen das Fremdgehen ausdrücklich verboten und das Führen einer „offenen Ehe", wie in „Vikings" dargestellt, nicht möglich.

5.d.2 Frauen als Kriegerinnen, Schildmaids (alle Seasons)

Geschichten von Schildmaids wie Lagertha wurden lange Zeit als reine Legenden abgetan, waren Sagas wie bspw. jene, die in der Gesta Danorum wiedergegeben werden, (Saxo beschreibt – wiederum tendenziell misogyn – im Buch VII Gemeinschaften von Schildmaids) doch der einzige Nachweis zu deren Existenz:

"There were once women among the Danes who dressed themselves to look like men, and devoted almost every instant of their lives to the pursuit of war [...]. They sought, moreover, so zealously to be skilled in warfare, that they might have been thought to have unsexed themselves. [...] These women, therefore (just as if they had forgotten their natural estate, and preferred sternness to soft words), offered war rather than kisses, and would rather taste blood than busses, and went about the business of arms more than that of amours. They devoted those hands to the lance which they should rather have applied to the loom. They assailed men with their spears whom they could have melted with their looks, they thought of death and not of dalliance." (Saxo; Elton; Powell 1894, S. 277)

Auch eindeutige historische Befunde wurden bis vor einigen Jahren nicht geliefert und die Existenz von weiblichen Kriegerinnen kontrovers diskutiert. Nun werfen zwei Studien neues Licht auf den wissenschaftlichen Disput:

- 2011 wurden 14 Wikinger-Gräber aus der Zeit der Immigrations- bzw. (Invasions-) wellen (865-896) bezüglich des Geschlechtes durch eine Knochenanalyse re-evaluiert, mit dem Ergebnis, dass in fast der Hälfte der Gräber Frauen bestattet wurden (vgl.

Mcleod 2011) – in dreien davon wurden Schwerter und auch ein Schild gefunden. Diese Gräber wurden bislang Männern zugeschrieben, einfach nur aufgrund der Tatsache, dass in einigen der Gräbern Waffenbeigaben waren und generell angenommen wurde, dass die Immigrationsstrapazen nur von Männern gemeistert werden konnten.

- 2017 erregte eine Studie beträchtliches Aufsehen, in der gut erhaltene Knochenfunde in einem schon 1878 in Birka geöffneten Grab mit reichhaltigen Beigaben (darunter mehrere Waffen und zwei Pferde, siehe die Abbildung unten) genetisch analysiert wurden: Das bis dato einem bedeutenden Krieger bzw. Anführer zugeschriebene Skelett wurde eindeutig als weiblich identifiziert (vgl. Hedenstierna-Jonson u.a. 2017).

Abbildung 8: Grab 581 aus Birka. (Quelle: Hedenstierna-Jonson 2017).

Dies bedeutet, dass bisherige Grabfunde in den letzten Jahrzehnten aus einem **androzentrischen Blickwinkel** betrachtet wurden und bislang festgeschriebene historische Analysen eventuell mit einem „fluideren"

Rollenverständnis (anstatt dem rigiden „weiblich" und „männlich") neu interpretiert werden sollten.

Im Lichte obiger Studien erscheint die Existenz von weiblichen Kriegerinnen und Schildmaids, aber auch von Frauen, die im Bedarfsfall von der Waffe Gebrauch machten, in höchstem Maße wahrscheinlich. Ob allerdings – wie in „Vikings" dargestellt (siehe die vorherige Abbildung) und von Saxo in der Gesta Danorum beschrieben - ganze Einheiten von Schildmaids existierten, ist eher fraglich.

Abbildung 9: Lagertha mit einer Einheit von Schildmaids. (© History Channel).

6. Deskriptiv-Statistische Auswertung und Hypothesenprüfung

"Very simple was my explanation, and plausible enough -
as many wrong theories are!"
~ H.G. Wells

Beim Betrachten sämtlicher Staffeln formt sich der Eindruck, dass die Serie historisch weitgehend akkurat bzw. sorgfältig produziert wurde und in den auf die Season 1 folgenden Staffeln die Anzahl der historischen Fehler im Vergleich abnehmen. Aus diesen Vermutungen können die folgenden beiden Hypothesen formuliert werden:

Hypothese 1: Die Fehlerhäufigkeit sowie der Schweregrad der Fehler über alle Staffeln hinweg ist moderat.

Hypothese 2: Die Fehlerhäufigkeit der ersten Season ist im Vergleich zu den folgenden Seasons höher.

Um die Hypothesen zu überprüfen, werden die nach dem Schweregrad geordneten (und im Kapitel 5 beschriebenen) Fehler in die folgende (Urlisten-)Tabelle eingetragen (Tabelle 1) und anschließend zusammengefasst (Häufigkeits-Tabelle 2).

Tabelle 1:

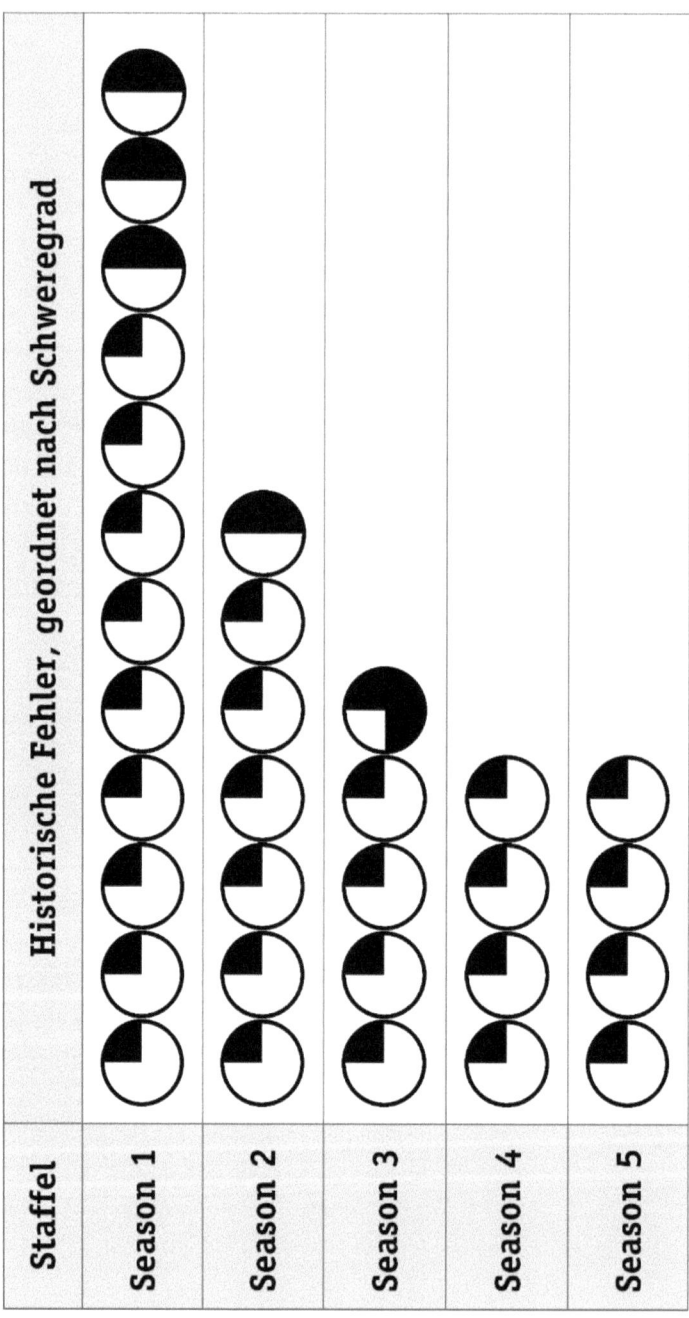

Staffel	Historische Fehler, geordnet nach Schweregrad
Season 1	
Season 2	
Season 3	
Season 4	
Season 5	

Häufigkeitstabelle 2:

Staffel	Historische Fehler, zusammengefasst		
Season 1	◔ x 9,	◑ x 3	
Season 2	◔ x 6,	◑ x 2	
Season 3	◔ x 4,	◕ x 1	
Season 4	◔ x 4		
Season 5	◔ x 4		
Fehler gesamt	◔ x 27,	◑ x 5,	◕ x 1

Auswertung: Da sich die Bewertung der Fehler auf *Ordinalskalenniveau* bewegt, darf als Lageparameter kein Mittelwert (für jede einzelne Season) wohl aber die Parameter *Median* und *Modalwert* berechnet bzw. angegeben werden (vgl. de.statista.com 2019).

Dies ist aber gar nicht notwendig, da aus den obigen Tabellen unmittelbar alle Informationen zur Hypothesenprüfung entnommen werden können.

Zur Hypothese 1: Aus der Gesamtfehleranzahl in der Tabelle 2 ist abzulesen, dass über alle Staffeln hinweg lediglich 27 leichte, 5 mittelschwere und nur ein schwerer Fehler identifiziert und verifiziert werden konnten. Trotz des Fehlens eines direkten Vergleichs (hierfür müsste zusätzlich mindestens eine andere Historien-Serie bezüglich der Fehler analysiert werden), erscheint sowohl die Fehlerrate (bezieht man die Vielzahl an Personen, Schauplätzen und Handlungssträngen ein) als auch der Schweregrad der Fehler moderat.

Erklärungsansatz: Den Einleitungen zu Kapitel 2 und 5 ist zu entnehmen, dass sowohl der Showrunner als auch der Berater der Serie erfahrene Historiker sind, die beide der Überzeugung sind, dass, wenn historische TV-Serien sorgfältig produziert werden, Fantasy obsolet wird und Edutainment Platz macht - oder wie Byron es ausdrückt: *„Truth is stranger than fiction"* (Lord Byron 1824).

Zur Hypothese 2: Aus Tabelle 1 und 2 ist ersichtlich, dass die Fehlerhäufigkeit (in den Kategorien leichter und mittelschwerer Fehler) der ersten Season im Vergleich zu den weiteren Seasons deutlich höher ist.

Erklärungsansatz: Eine mögliche Erklärung könnte sein, dass zum Start der Historien-Serie Zugeständnisse an das Publikum auf Kosten der historischen Exaktheit gemacht werden mussten: Einerseits durch die chronologische Verdichtung der Ereignisse und andererseits durch die Fokussierung auf die Person des Ragnar Lodbrok als Identifikationsfigur.

Durch den großen Erfolg der Serie – und die Etablierung eines Stammpublikums - können in den weiteren Seasons historische Begebenheiten exakter dargestellt werden, ohne diese dramaturgisch verkürzen zu müssen.

Dies ist beispielsweise auch in späteren Seasons spürbar, wenn vermehrt mit dem Aufeinandertreffen von Kulturen mit verschiedenen (inzwischen nicht mehr gesprochenen) Sprachen gearbeitet wird, was einzelnen Szenen Tiefe und Spannung verleiht und vom historisch interessierten (Stamm-) Publikum gutgeheißen wird. Justin Pollard merkt in diesem Zusammenhang an:

"Our repertoire now includes dialogue in Old Norse, Anglo-Saxon, Old French, Old Low Franconian, and even Proto-Latgalian. Behind the scenes, a team of linguists including Erika Sigurdson (Old Norse), Kate Wiles (Anglo-Saxon), and Jim Simpson (Old French) has worked translating dialogue into languages that in some cases haven't been spoken for over a thousand years." (Pollard; Hirst 2015, S. 217)

7. Zusammenfassung

Entsprechend dem Titel der VWA war das Ziel dieser Arbeit, die historischen Fehler („Fiktion") in der populären TV-Produktion des History Channels, „Vikings", zu finden und diese von den historischen belegbaren Tatsachen („Fakt") abzugrenzen. Dazu wurde in mehreren Schritten vorgegangen, wobei auf einer zweiten Ebene parallel dazu begleitende Forschungsmethoden angewendet wurden, die **formativ** auf den Arbeits- bzw. Forschungsprozess wirkten (siehe die folgende Seite).

Die beiden begleitenden Maßnahmen waren wichtig für den gesamten Forschungs- und Schreibprozess und haben positiv auf alle Arbeitsschritte gewirkt: der andauernde Kontakt mit Experten lieferte die notwendige Sicherheit sowie den Input um fundierte Entscheidungen im gesamten Prozess treffen zu können, während das *Nachdenken über den Forschungsprozess* mittels Forschungstagebuch zuweilen oft erst bewusst macht, dass eine solche Entscheidung überhaupt ansteht.

Arbeitsschritte	Begleitende Maßnahmen / Forschungsmethoden	
1. Besuch des dänischen Nationalmuseums		
2. Literaturstudium aktueller Fachbücher		
3. Wiederholtes Ansehen sämtlicher Folgen der Seasons 1 bis 5 (Teil A)		
4. Notieren (handschriftlich) möglicher historischer Fehler (Parallel zu Schritt 2)		
5. Besorgen zusätzlicher Literatur: Neben weiteren Fachbüchern auch aktuelle Paper und (digitalisierte) historische Quellen aus dem 11.-13. Jahrhundert	Austausch mit Experten aus dem direkten Umfeld und via E-Mail	Führen eines Forschungstagebuchs
6. Transkription und Verifikation bzw. Falsifikation der historischen Fehler aus den Notizen in die VWA-Rohfassung		
7. Entwicklung eines Schemas für die Beurteilung des Schweregrades der gefundenen Fehler		
8. Einteilung der verifizierten Fehler nach Kategorien		
9. Beurteilen der Fehler nach dem Schweregrad und entsprechende grafische Kennzeichnung		
10. Ausführliche Erläuterung der Fehler und des historischen Kontextes und Beleg durch Verweise auf (historische) Quellen		
11. Deskriptiv-statistische Auswertung der Fehler zum Vergleich der Fehlerhäufigkeiten zwischen den einzelnen Staffeln		
12. Überprüfung der Arbeitshypothese und Schaffen eines möglichen Erklärungsansatzes		

Daraus können **drei Erkenntnisse** abgeleitet werden:

- Forschungsarbeit ist ohne die Ein- bzw. Anbindung an ein Experten-Netzwerk kaum möglich und sollte proaktiv initiiert und gepflegt werden, was Dank sozialer Medien wie E-Mail und Weblogs mit Kommentarfunktion sehr erleichtert wird.
- Das Forschungstagebuch als Forschungsmethode ist für den (Jung-)Forscher nicht nur eine hervorragende Möglichkeit, den gesamten Forschungs- und Schreibprozess zu dokumentieren und zu reflektieren, sowie ein Lernfeld für zukünftige Forschungsarbeiten (bspw. an der Uni) zu haben, sondern zudem noch eine Unterstützung für Betreuerinnen von Forschungsarbeiten.
- Historische Quellen stehen Dank Digitalisierung, Internet und Open Access auch Jungforscherinnen schnell und unkompliziert zur Verfügung und das Studium dieser hat sich nicht nur für die Verifikation und Falsifikation historischer Fehler bewährt, sondern auch zu deren Kontextualisierung.

Die deskriptiv-statistische Auswertung der Häufigkeit und Schwere der historischen Fehler in der TV-Serie „Vikings" zeigt, dass:

- „Vikings" historisch weitgehend akkurat und klischeefrei produziert wurde und damit in die Kategorie **Edutainment** fällt.
- Die Häufigkeit der Fehler zudem in den weiteren Seasons abnimmt und die Serie damit an inhaltlicher Tiefe zunimmt, was damit zusammenhängen könnte, dass mit den ersten beiden Staffeln ein interessiertes Stammpublikum geschaffen wurde, welches komplexere Dialoge und Handlungsstränge begrüßt.

Forschungstagebuch

„Wie soll ich mit dem Forschen und dem Schreiben nur beginnen?" –
Die Tage vergehen und ich habe immer mehr und mehr Materialien und
Notizen gesammelt, aber noch kein einziges Kapitel angelegt,
geschweige denn ein Wort geschrieben. Ich weiß einfach nicht, wo ich
anfangen soll ...

Der entscheidende (und erlösende) Tipp kommt von meiner Mutter; sie
empfiehlt mir, mit dem Verfassen eines Forschungstagebuches mit dem
Schreiben zu beginnen und so eine Struktur in meine Gedanken und den
VWA-Prozess zu bekommen.

Altrichter und Posch empfehlen in ihrer mehrschrittigen Einstiegsphase
eines (Aktions-) Forschungsprojektes gleich zu Beginn in einem
Tagebuch die ersten *„Forschungsüberlegungen und tastenden
Handlungsschritte zu dokumentieren"* (Altrichter; Posch 2006, S. 20),
weil in diesen eine Menge nützliche Ideen enthalten sein können. Das
Forschungstagebuch – obwohl informell und individuell geführt - ist
somit eine wichtige *Forschungsmethode* mit dem Ziel der *„Förderung der
Selbstreflexivität des Forschenden durch Anwendung selbstevaluativer
Fähigkeiten, um Freiraum für neue Handlungsweisen [...] zu
ermöglichen"* (Kohl 2016).

Zusätzlich kann ich mit dem vorliegenden Tagebuch auch meine VWA-
Aktivitäten für meinen Betreuer dokumentieren.

Aus den Inhalten dieses Forschungstagebuchs werde ich zum
Abgabetermin dann das geforderte **Begleitprotokoll** exzerpieren.

1.12.2017

Der erste Meilenstein: Nach vielen Überlegungen und einigen Brainstormings habe ich endlich die Idee für mein VWA-Thema, mit dem ich ein wirklich gutes Gefühl habe und das zwei meiner Interessen verbinde: „Vikings" (die Historienserie) sowie Geschichte (Fakt und Fiktion).

27.12.2017

Ich habe mein Thema zum ersten Mal eingereicht. Zwei Mal wird meine Einreichung zur Umformulierung zurückgewiesen und dann am 16.2.2018 von meinem Betreuer akzeptiert. Am 2.5.2018 genehmigt dann auch der Landesschulinspektor mein Thema.

04.06.2018

Meine ersten Recherchen zu Fachliteratur ergeben, dass die aktuellsten und umfangreichsten Werke vorwiegend auf Englisch verfügbar sind. Sofern deutsche Übersetzungen verfügbar sind, liegen diese meist leider nur in älteren Auflagen vor. Ich werde mich daher also vorwiegend mit den englischsprachigen Quellen befassen.

17.07.2018

Ich verbringe mit meiner Familie den Urlaub in Kopenhagen und besuche dort das beeindruckende dänische Nationalmuseum mit dem festen Vorsatz, nicht nur die hervorragende Dauerausstellung zu den Wikingern ausgiebig anzusehen, sondern auch Kontakt mit dem Kurator der Ausstellung aufzunehmen, um ihn zu bitten, ihn für meine VWA interviewen zu dürfen.

Ich nehme all meinen Mut zusammen und frage einen der Guides der Ausstellung nach dem Namen des Kurators und ob ich diesen via E-Mail mit Fragen zur Ausstellung und meiner VWA interviewen zu dürfen. Der Guide ist sehr freundlich und stellt gleich telefonischen Kontakt zum Kurator her, der sich sofort bereit erklärt, mir für alle Fragen via E-Mail bereit zu stehen.

Der Guide legt mir zusätzlich zu den zahlreichen Ausstellungsunterlagen insbesondere die beiden folgenden Grundlagenwerke skandinavischer Historiker ans Herz. Beide Werke würden weit über das hinausgehen, was bisher über die Wikinger veröffentlicht wurde und zudem (durch die Auswertung aktueller Ausgrabungen) einige wichtige neue Erkenntnisse erschließen: The Age of the Vikings (Winroth 2016) und Viking Legacy: A cornerstone of World Civilization (Titlestad 2018).

18.07.2018

Ich nutze die Ferienzeit, um in Ruhe die aktuelle Staffel der Serie via Amazon prime anzusehen und mache mir handschriftliche Notizen zu möglichen historischen Fehlern, die ich später in meine VWA einarbeiten will.

28.07.2018

Ich bekomme von meinem Vater den Tipp, meine Literaturrecherche auch auf wissenschaftliche Open Access-Portale auszuweiten. Schon bei der ersten Blitzrecherche auf academia.edu finde ich zahlreiche topaktuelle Papers zum Thema. Ein weiters Portal, auf dem ich schnell fündig werde, ist das *Digital Commons Network* (https://network.bepress.com).

01.08.2018

Anlegen eines Benutzeraccounts für die Digitale Online-Bibiothek der Arbeiterkammer Österreich. Schülerinnen stehen mehrere hundert Fachbücher kostenlos zum digitalen Verleih zur Verfügung. Zu meiner Freude finde ich auch die deutsche Übersetzung des Standardwerkes von Anders Winroth, „Die Wikinger" (Winroth 2018).

04.08.2018

Von meinem Vater bekomme ich die Kontaktadresse des ZID (Zentraler Informatikdienst) der Universität Innsbruck, an die man sich als Studierender bzw. als Lehrender in IT-Fragen wenden kann.

Am selben Tag setze ich die E-Mail mit zwei Anfragen (Software zur Unterstützung der Zitierarbeit und eine Genealogie-Software) auf und versende diese. Meinen VWA-bezogenen E-Mail-Verkehr habe ich zur besseren Übersicht in den Anhang „E-Mail-Protokoll" ausgegliedert.

06.08.2018

Innerhalb von nur zwei Tagen habe ich vom ZID-Team eine Antwort auf meine Anfragen bekommen. Es wird mir die kostenlose Basisversion der kommerziellen Zitierhilfe „Citavi" bzw. die Open Source Software „Zotero" (Roy Rosenzweig Center for History and New Media 2018) empfohlen. Da die Basisversion von Citavi auf lediglich 100 Titel begrenzt ist (Swiss Academic Software GmbH 2018), entscheide ich mich für die kostenlose OSS[15] Zotero.

---

[15] **O**pen **S**ource **S**oftware: Lizenzkostenfreie Software, deren Quelltext offengelegt ist (Open Source Initiative 2018).

Das ZID-Team verweist mich auch auf die Liste der kommerziellen Software, die für Lehrbeauftragte für Unterrichts- und Forschungszwecke zur Verfügung stehen (Rosendahl; Güler 2018). Ich werde mir zu einem späteren Zeitpunkt die Liste genau ansehen und die geeignete Software (die ich dann über den Account meines Vaters benutzen darf) für meine geplanten Illustrationen auswählen.

07.08. 2018

In den kommenden Tagen mache ich mich (mit Unterstützung meines Vaters) mit der Bedienung von Zotero vertraut und pflege die bisher gesammelten Links, Bücher und Paper in Zotero ein.

Zum Zitieren innerhalb meiner VWA entscheide ich mich für die Harvard-Zitierweise und aktiviere den entsprechenden Zitierstil in Zotero.

01.09.2018

Ein weiterer Meilenstein: Ich lege die VWA in Word an und beginne mit dem Anlegen des Titelblattes und der einzelnen geplanten Kapitel sowie des Literaturverzeichnisses.

02.09.2018

Wir haben zwar an der Fachhochschule Dornbirn ein Seminar zur VWA (FH Vorarlberg 2018) besucht, doch kann ich mich leider nicht mehr an die Details zu den formalen Vorgaben (Wie soll das Titelblatt aussehen etc.) erinnern. Eine kurze Recherche im Internet führt mich auf die sehr hilfreiche Seite „Das 5x5 der VWA", auf der sich Schülerinnen rund um das Thema VWA informieren können (literacy.at 2018).

04.09.2018

Ich habe vor, an jeden Kapitelanfang ein passendes Eingangszitat zu stellen. Dies soll nicht nur meine Arbeit „aufhübschen", sondern vor allem auf die folgenden Inhalte einstimmen. Die Sammlung lege ich innerhalb von Zotero mit der „Notizfunktion" an.

Das erste Zitat, welches ich einfüge, findet sich natürlich am Eingang zu meinem Forschungstagebuch.

30.09.2018

Ich schreibe die Einleitung bzw. die kurze theoretische Fundierung zum Kapitel „Forschungstagebuch".

01.10.2018

Ich beginne mit dem Schreiben des Kapitels „Welcher historischen Quellen bedient sich Vikings?", in welches ich sämtliche Notizen zur Quellenlage einarbeiten will. Das Kapitel wird zwar nur kurz, ist aber sehr arbeitsintensiv, da sehr viel Zitierarbeit anfällt. Schön ist, dass ich fast alle mittelalterlichen Quellen online finde und als Quelle verwenden kann.

Ich entdecke auch eine vollständige (kostenlose) englische Kopie von Ahmad ibn Fadlāns berühmtem Reisebericht zu den Wolgabulgaren in Form eines E-Books.

05.10.2018

Während des Schreibens des Kapitels zur Quellenlage entdecke ich, dass frühe Ausgaben der Encyclopædia Britannica (bzw. die Ausgaben von 1911 und 1922) zur Gänze unter der Creative Commons Attribution-

ShareAlike Lizenz kostenlos im Internet verfügbar sind. Für mich sehr interessant sind die Auflistungen skandinavischer Könige und deren Skalden.

05.11.2018

Mir kommt der Gedanke, meine Arbeit eventuell durch eine kleine empirische Untersuchung (durch Auszählverfahren, deskriptive Statistik) zu erweitern: Die (historische) Fehlerhäufigkeit der ersten Season im Vergleich zu weiteren Seasons. Meine These hierzu: Zum Start der Historien-Serie müssen Zugeständnisse an das Publikum auf Kosten der historischen Exaktheit gemacht werden. Durch den großen Erfolg der Serie können in den weiteren Seasons historische Begebenheiten exakter dargestellt werden, ohne diese dramaturgisch verkürzen zu müssen.

07.11.2018

Die Zeit drängt: Ich sollte meinem Betreuer die aktuelle Version der VWA zusenden. Ich habe zwar schon zwei kurze Kapitel fertiggestellt, aber meine Arbeit noch nicht konzeptuell überarbeitet (bspw. die Kapitel und Unterkapitel vollständig angelegt) und auch meine handschriftlichen Notizen zu den historischen Fehlern noch nicht übertragen. Ich will meinem Betreuer aber unbedingt die vollständige Struktur der Arbeit präsentieren, damit er sich ein Bild meiner VWA machen kann und ich hoffentlich ein O.K. für die Weiterarbeit in der eingeschlagenen Richtung bekomme. Die folgenden Tage opfere ich einige Freizeit, um diese Arbeiten abzuschließen.

10.11.2018

Um die VWA „sauber" zu halten, lagere ich einige Notizen, Ideen und Gedanken in ein zweites Dokument aus, aus dem ich in den kommenden Wochen bei Bedarf für die Weiterarbeit an der VWA schöpfen kann.

11.11.2018

Ein weiterer Meilenstein: Ich sende die konzeptionell ausgearbeitete VWA mit insgesamt rund 24600 Zeichen (inklusive der eingearbeiteten Notizen und dem schon zweiseitigen Literaturverzeichnis sowie dem mehrseitigen Forschungstagebuch) via E-Mail meinem Betreuer.

16.11.2018

Mein Betreuer teilt mir mit, dass die Arbeit konzeptionell und inhaltlich soweit passt und auch die formalen Vorgaben (Zitate, Literaturverweise, Titelblatt etc.) von mir eingehalten und korrekt umgesetzt wurden. Das ist sehr erfreulich. Eigentlich könnte nun meine Arbeit an der VWA munter weitergehen, doch muss diese ruhen, da einige Schularbeiten, Tests und Portfolioarbeiten anstehen und die Vorbereitungen darauf bzw. die Erledigungen in den nächsten Wochen eine Menge Zeit verschlingen.

28.12.2018

Weihnachstferien – endlich! Seit über einem Monat habe ich keine Zeit gefunden, an der VWA weiterzuarbeiten bzw. musste ich die schmerzliche Erfahrung machen, dass ein punktuelles Arbeiten an der VWA (in Form von 1-2 Stunden pro Woche) die reine Zeitverschwendung ist. Dieselbe Zeit benötige ich nämlich, um wieder in die Arbeit reinzufinden. Kaum im Thema drinnen, muss ich schon wieder aufhören.

Um mit der Arbeit weiterzukommen, muss ich also mehrere Stunden pro Tag, idealerweise an einigen aufeinanderfolgenden Tagen für die VWA „freischaufeln". Dies gelingt mir erst wieder in den Weihnachtsfreien.

Nachdem ich einen Großteil meiner Leseliste abgearbeitet habe und mich in dem Thema nun relativ sicher fühle, schreibe ich meine erste E-Mail an den Kurator des Dänischen Nationalmuseums, Herrn Poul Otto Nielsen. Da via E-Mail der Erstkontakt erfolgt, benötige ich recht lange, um dieses zu formulieren, da ich die richtige Mischung zwischen einem formellen und informellen Ton finden möchte. Meine erste Anfrage bezieht sich auf Literaturempfehlungen ergänzend zu meiner bisher verwendeten Leseliste.

Ich sende die E-Mail gegen 20.30 ab und bekomme noch am selben Tag (um 23.36!) die sehr freundliche und wertschätzende Antwort mit wertvollen Informationen zu weiterführender Literatur (den gesamten E-Mail-Verkehr habe ich wiederum im Anhang dokumentiert).

Nach Sichtung der Literaturvorschläge von Herrn Nielsen entscheide ich mich dafür, das Buch „Exploring the World of the Vikings" (Hall 2012) anzuschaffen, da es das aktuellste aus der Vorschlagsliste ist und zudem thematisch am besten zu meinem VWA-Thema passt (außerdem ist es bei Amazon.co.uk günstig zu haben: 12 Pfund).

29.12.2018

Auf diversen VWA-Infoseiten wird empfohlen, die komplette Rohfassung (Schreiben sämtlicher Kapitel) idealerweise in den Weihnachtsferien fertig zu stellen, um diese dem Betreuer dann Mitte Jänner vorzulegen. Damit soll sichergestellt werden, dass genügend Zeit für die Einarbeitung der Korrekturen im Februar bleibt. Ich nehme mir vor dies einzuhalten.

5.1.2019

Ich stelle das Kapitel über die Haupt-Handlungsstränge fertig, was mehr Zeit benötigt als geplant, da ich – um die Gesamtzeichenanzahl der VWA nicht zu überschreiten – die Inhaltsangaben stark komprimieren, aber gleichzeitig jene Inhalte erwähnen muss, auf die ich mich im späteren Kapitel der historischen Fehler beziehen will.

9.1.2019

Ich beginne mit dem Hauptkapitel – Historische Fehler – und stelle am selben Tag die Einführung dazu fertig.

10.01.2019

Da ich keine neuen Fehler mehr in der Serie identifizieren kann, gehe ich in den Notizen kurz meine „Eventuell"-Fehler durch. Dies sind Fehler, die ich aufgrund der mir zur Verfügung stehenden Quellen nicht eindeutig als Fehler identifizieren kann. Daraus nehme ich den Vielversprechendsten (Sklaven chinesischer Herkunft) und formuliere daraus eine konkrete Frage an Herrn Nielsen vom Dänischen Nationalmuseum.

11.01.2019

Ich habe mich dafür entscheiden, die historischen Fehler zusätzlich nach ihrem Schweregrad zu kategorisieren bzw. beurteilen. Dies ermöglicht mir evtl. spätere interessante deskriptiv-statistische Auswertungen bzw. Illustrationen. Das Beurteilungsschema gebe ich in die Einführung um die VWA nicht in zu viele Unterkapitel aufzustückeln. Die Arbeit soll ja schließlich auch gut lesbar bleiben.

Ich überlege mir eine grafische Markierung der Fehler, die sich auch im Graustufendruck gut erkennen lässt und setze diese als eine Art Tortengrafik um, was wieder einmal deutlich mehr Zeit benötigt als erwartet (Seufz!)

12.01.2019

Ich beginne mit der tabellarischen Wikinger-Zeittafel. Diese soll als Referenz für die Identifikation und Beschreibung chronologischer Fehler im 5. Kapitel dienen.

14.01.2019

Ich stelle die Zeittafel fertig. Ich bin mit dem Ergebnis zufrieden, da es mir gelungen ist, die wesentlichen Begebenheiten (sofern von Relevanz für meine Arbeit) in knapper aber verständlicher Form unterzubringen.

18.01.2019

Ich habe eine digitale Kopie des Buches von RoryMcTurk zu den Ragnar-Sagas bekommen und lese das für mich relevante Kapitel in kurzer Zeit durch. Eine hochinteressante Lektüre, die mir sehr dabei hilft, den Fehlereintrag zu Ragnar Lodbrok wissenschaftlich auf solide Beine zu stellen. Ich muss mir aber nun zur Regel machen, keine neue Literatur mehr aufzunehmen, da ich sonst von den neuen Erkenntnissen zu sehr abgelenkt werde und die eigentliche Arbeit an der VWA nicht mehr unter Dach und Fach bringe.

19.01.2019

Herr Nielsen vom Dänischen Nationalmuseum hat mir auf meine konkrete Frage zur Möglichkeit chinesischer Sklaven in Skandinavien sehr nett und ausführlich geantwortet! Kurz zusammengefasst: Durch die weitläufigen und ausgeprägten Handelsouten ist es nicht auszuschließen, dass Sklaven chinesischer Herkunft bis nach Skandinavien gelangten. Ich kann dies also nicht als historischen Fehler werten.

Den E-Mail-Verkehr dazu dokumentiere ich wiederum im Anhang.

20.01.2019

Ich will heute Abend meinem Betreuer die aktuelle Version meiner Arbeit schicken. Ich lese mir nochmals alle Teile durch und bessere hier und da etwas aus und verfeinere die Formatierung. Ich habe zu diesem Zeitpunkt mehr als 70 Prozent der Arbeit fertiggestellt und denke, dass ich bis heute in einer Woche wohl alle inhaltlichen Arbeiten abschließen kann. Um 21 Uhr schicke ich die Arbeit ab.

21.01.2019

Ich bekomme von meinem Betreuer die prompte Rückmeldung, dass alles passt und ich in dieser Form (auch bei den Fehlerbeschreibungen) weiterarbeiten kann 😊.

22.01.2019

Ich stelle den Eintrag zu Lathgertha fertig. Dieser ist mir gut gelungen – ich konnte eine Aussage mit zwei direkten Zitaten aus der Originalquelle (Gesta Danorum von Saxo Grammaticus) untermauern.

Toll ist, dass sich fast alle historischen Quellen (Sagas und Geschichtswerke) inzwischen auch in übersetzter Form (in Englisch und Deutsch) kostenlos im Internet finden lassen. Damit kann ich das historische Quellenstudium als Forschungsmethode ungehindert anwenden, was mir auch richtig Spaß macht (obwohl es natürlich schon sehr zeitaufwendig ist).

25.01.2019

Nach einigen Tagen (Abenden) harter Arbeit, habe ich nun sämtliche Personenfehler ausformuliert. Dies war sehr aufwendig, da ich eine Vielzahl von Quellen zu den einzelnen historischen Protagonisten zur Verfügung hatte, was die Textsynthese kompliziert machte. Am Wochenende will ich die restlichen Fehler (Ausstattung, Chronologie etc.) ausformulieren, um dann (toi, toi, toi) am Montag Abend die Arbeit in der „Fast-Fertig-Fassung" meinem Betreuer senden zu können.

27.01.2019

Ich werde den Montag-Termin nicht einhalten können, da schon wieder einige Tests anstehen und damit auch einige Stunden Lernaufwand zu bewältigen sind. Viel störender ist aber, dass ich bis zum 5. Februar noch eine Portfolioarbeit schreiben sollte.

28.01.2019

Ich muss die Arbeit an der VWA für die nächsten Tage aussetzen, sonst schaffe ich die Portfolio-Arbeit nicht. Gedanklich bin ich seit vielen Wochen beim VWA-Thema und soll mich nun in ein völlig anderes Thema hineinfinden – das fällt mir gar nicht leicht.

04.02.2019

Habe die Portfolio-Arbeit endlich fertig gestellt. Obwohl ich inzwischen doch einige Übung beim Schreiben und Zitieren habe, musste ich dennoch noch nie dermaßen kämpfen, um die Arbeit fertig zu bekommen. Ich kann die Arbeit an der VWA dennoch heute nicht wieder aufnehmen, da morgen noch zwei Tests anstehen. Irgendwie geht mir langsam die Puste aus und es fällt mir schwer, mich dafür zu motivieren.

Durch eine kurze Beratung mit meinem Vater zur Auswertung der Fehler (und seinem Hinweis zum Ordinalskalenniveau meiner Fehlerkategorien) fasse ich den Entschluss, die Fehlerhäufigkeit der einzelnen Seasons grafisch zu vergleichen und verzichte auf weitere deskriptiv-statische Maßnahmen, die nicht zielführend wären.

05.02.2019

Ich kann endlich wieder bei der VWA weitermachen. Wenn ich ordentlich auf die Tube drücke, sollte ich Mittwoch nachts meinem Betreuer die Endfassung schicken können. Dann hätte ich genügend Zeit, um in den Semesterferien die (hoffentlich nicht zahlreichen) Korrekturen einarbeiten zu können.

Ich hatte ursprünglich vor, die zentralen Figuren der Serie grafisch in einer Art Stammbaum darzustellen und habe wegen einer geeigneten

Software auch schon mit dem ZID der Uni Innsbruck kommuniziert. Nun habe ich mich aber gegen diese Illustration entschieden, da diese außer einer „Aufhübschung" meiner Arbeit keinen wirklichen Mehrwert bringen würde. Ich nutze die dadurch gewonnen Zeit lieber, um die Fehlerbeschreibungen ausführlicher zu gestalten – bzw. in den entsprechenden historischen Kontext zu bringen.

Ich arbeite bis 12 Uhr nachts und kann den Fehlereintrag zu den Schildmaids fertigstellen sowie die Häufigkeitstabelle der historischen Fehler als Grundlage für die Hypothesenprüfung anlegen und schlussendlich sogar die Auswertung abschließen.

06.02.2019

Mit der „Faust im Nacken" arbeitet es sich wohl besser (zumindest kurzfristig): Außer den notwendigen Toilettenpausen verbringe ich den kompletten Nachmittag mit Schreiben und kann das Vorwort und die Zusammenfassung fertigstellen. Ich will heute (~~Abend~~) Nacht fertig werden, um morgen meinem Betreuer die Arbeit ausgedruckt zur Korrektur übergeben zu können. Die einzelnen Arbeits- bzw. Forschungsschritte in der Zusammenfassung stelle ich zur besseren Übersicht und Lesbarkeit teilgrafisch in Form einer Tabelle dar.

Den Abstract schreibe ich noch vor der Einleitung, da mir die Zusammenfassung gut gelungen ist und ich diesen „Lauf" nicht unterbrechen will. Ich hoffe, dass es mit der Einleitung (die ja gemeinsam mit der Zusammenfassung eine Art Klammer um den Text bilden soll) dann ähnlich gut läuft. Vorher stehen aber noch einige Zeilen zur Rolle der Frau an.

Es ist nun 11.30 und ich werde die Einleitung wohl nicht mehr schaffen. Ich beschließe, die Arbeit für meinen Betreuer auszudrucken und die Einleitung am Donnerstagabend nachzureichen.

07.02.2019

Für die Einleitung brauche ich recht lange, und ich hoffe, dass es mir gelungen ist, sowohl eine verständliche Einführung ins Thema (bzw. die Fragestellung), als auch einen Überblick der Arbeit zu vermitteln.

Zum Schluss kommt mir die Idee, im Text zur besseren Übersichtlichkeit mit Farbmarkierungen (bspw. zur Kennzeichnung der Forschungsmethoden im Fließtext) zu arbeiten (ich werde die Arbeit in der Endversion ja mit dem Farbdrucker ausdrucken und abgeben). Die Einleitung und die Zusammenfassung bieten sich aufgrund der Kompaktheit des Textes dafür an, da die farblichen Markierungen eine zusätzliche erklärende Ebene schaffen, ohne den Text zu überfrachten (denke ich mir zumindest).

Damit ist meine VWA in der Erstversion fertig (inklusive Formatierungen, Bildern, Abbildungsverzeichnis etc.) - Jubel.

Ich sende die Arbeit im PDF an meinen Betreuer und kann beruhigt die Semesterferien antreten.

Literaturliste

Adam, von Bremen; Schmeidler, Bernhard (1917): Adam von Bremen: Hamburgische Kirchengeschichte. Hannover, Hahn. Online im Internet: URL: http://archive.org/details/adamvonbremenham00adam (Zugriff am: 27.01.2019).

Altrichter, Herbert; Posch, Peter (2006): Lehrerinnen und Lehrer erforschen ihren Unterricht: Unterrichtsentwicklung und Unterrichtsevaluation durch Aktionsforschung. 4.,. Bad Heilbrunn: Klinkhardt, Julius.

Asser, John; Cook, Albert S. (Albert Stanburrough) (1906): Asser's life of King Alfred. Boston, New York : Ginn & company. Online im Internet: URL: http://archive.org/details/asserslifeofking00asseiala (Zugriff am: 25.01.2019).

Atwood, Roger (2015): The Vikings in Ireland - Archaeology Magazine. Online im Internet: URL: https://www.archaeology.org/issues/168-1503/features/2969-ireland-dublin-early-viking-prescence (Zugriff am: 28.01.2019).

Baker, Mick; van Leeuwen, Geoffrey (2003): In the Footsteps of Ivarr the Boneless. Online im Internet: URL: https://www.historyfiles.co.uk/FeaturesBritain/EnglandIvarr.htm (Zugriff am: 24.01.2019).

Berg Petersen, Irene (2012): sciencenordic.com. What Vikings really looked like. Online im Internet: URL: http://sciencenordic.com/what-vikings-really-looked (Zugriff am: 26.01.2019).

Byock, Jesse L. (2001): Viking Age Iceland. London ; New York: Penguin.

Cawley, Charles (2018): FLANDERS COUNTS. Online im Internet: URL: http://fmg.ac/Projects/MedLands/FLANDERS,%20HAINAUT.htm#BaudouinI died879A (Zugriff am: 25.01.2019).

de.statista.com (2019): Statista Lexikon. Ordinalskala - Statista Definition. Online im Internet: URL: https://de.statista.com/statistik/lexikon/definition/99/ordinalskala/ (Zugriff am: 05.02.2019).

Encyclopaedia Brit. (2019): Encyclopedia Britannica. Rollo | duke of Normandy. Online im Internet: URL: https://www.britannica.com/biography/Rollo-duke-of-Normandy (Zugriff am: 21.01.2019).

englishmonarchs.co.uk (2018a): Alfred the Great. Online im Internet: URL: http://www.englishmonarchs.co.uk/saxon_6.htm (Zugriff am: 25.01.2019).

englishmonarchs.co.uk (2018b): Ivar the Boneless. Online im Internet: URL: http://www.englishmonarchs.co.uk/vikings_10.html (Zugriff am: 24.01.2019).

Fadlan, Ibn (2011): Ibn Fadlan and the Land of Darkness: Arab Travellers in the Far North. Übersetzt von Caroline Stone; Paul Lunde. London: Penguin Classics.

Ferguson, Robert (2010): The Hammer and The Cross: A New History of the Vikings. London: Penguin.

FH Vorarlberg (2018): Vorwissenschaftliches Arbeiten. Online im Internet: URL: https://www.fhv.at/ueber-die-fh/bibliothek/schreibzentrum/vorwissenschaftliches-arbeiten/ (Zugriff am: 15.10.2018).

Finnur, Jónsson (1915): Ragnarsdrápa (B1) – heimskringla.no. Online im Internet: URL: http://www.heimskringla.no/wiki/Ragnarsdr%C3%A1pa_(B1) (Zugriff am: 11.11.2018).

Flynt, Sean A. (2019): myArmoury.com. The Burgonet. Online im Internet: URL: http://www.myArmoury.com/feature_spot_burgonet.html (Zugriff am: 27.01.2019).

Geary, Patrick J. (2009): Women at the Beginning: Origin Myths from the Amazons to the Virgin Mary. Princeton University Press.

Germain, Abbo (Monk of St (2007): Viking Attacks on Paris: The Bella Parisiacae Urbis of Abbo of Saint-Germain-des-Prés. Peeters Publishers.

Gilbert, Tom (2018): „Vikings Come Ashore in a New Light." In: The New York Times, 19. Oktober 2018. Online im Internet: URL: https://www.nytimes.com/2013/02/24/arts/television/vikings-struggles-come-to-life-in-history-channels-series.html (Zugriff am: 17.01.2019).

Giles, J. A. (John Allen) (1906): Old English chronicles : including Ethelwerd's chronicle, Asser's Life of Alfred, Geoffrey of Monmouth's British history,

Gildas, Nennius, together with the spurious Chronicle of Richard of Cirencester. London : G. Bell. Online im Internet: URL: http://archive.org/details/oldenglishchroni00gileuoft (Zugriff am: 11.11.2018).

Grammaticus, Saxo (1901): Erläuterungen zu den ersten neun Büchern der Dänischen Geschichte des Saxo Grammaticus Teil I Bücher VI-IX – Wikisource. Übersetzt von Paul Herrmann. Online im Internet: URL: https://de.wikisource.org/wiki/Erl%C3%A4uterungen_zu_den_ersten_neun_B%C3%BCchern_der_D%C3%A4nischen_Geschichte_des_Saxo_Grammaticus_Teil_I_B%C3%BCcher_VI-IX (Zugriff am: 11.11.2018).

Guldager-Boye, Anette (2018): geni_family_tree. Ragnar. Online im Internet: URL: https://www.geni.com/people/Ragnar-Lodbrok-Sigurdsson/5604233735830047570 (Zugriff am: 19.01.2019).

Hagen, Friedrich Heinrich von der (1828): Nordische Heldenromane: Bd. Ragnar-Lodbroks-saga und Norna-Gests-saga. J. Max.

Hall, Richard (2012): Exploring the World of the Vikings. Reprint. London: Thames & Hudson Ltd.

Hanson, Marilee (2016): English History. Ivar the Boneless | Viking Leader & Commander of Great Heathen Army. Online im Internet: URL: https://englishhistory.net/vikings/ivar-the-boneless/ (Zugriff am: 24.01.2019).

Hedenstierna-Jonson, Charlotte u.a. (2017): „A female Viking warrior confirmed by genomics." In: American Journal of Physical Anthropology, 164 (2017), H. 4, S. 853–860. Online im Internet: DOI: 10.1002/ajpa.23308

Hirschberg, Ruth (2013): Pferd, Esel und Maultier im Mittelalter. Online im Internet: URL: http://www.brandenburg1260.de/pferd-im-ma.html (Zugriff am: 21.01.2019).

Horgan, Richard (2015): Mediabistro. So What Do You Do, Michael Hirst, Creator of The Tudors and Vikings? Online im Internet: URL: https://www.mediabistro.com/be-inspired/advice-from-the-pros/so-what-do-you-do-michael-hirst-creator-of-the-tudors-and-vikings/ (Zugriff am: 11.01.2019).

IMDB (2018): IMDb. Justin Pollard. Online im Internet: URL: http://www.imdb.com/name/nm0689482/ (Zugriff am: 13.01.2019).

IMDB (2019): Vikings. Online im Internet: URL:
　　　http://www.imdb.com/title/tt2306299/awards (Zugriff am: 07.02.2019).

Jesch, Judith (2005): Women in the Viking Age. The Boydell Press.

Jonsson, Gudni (2014): Edda Snorra Sturlusonar – heimskringla.no. Online im
　　　Internet: URL: http://www.heimskringla.no/wiki/Edda_Snorra_Sturlusonar
　　　(Zugriff am: 11.11.2018).

Jónsson, Guðni (1944): Völsunga saga, chapter 1. Online im Internet: URL:
　　　http://www.perseus.tufts.edu/hopper/text?doc=Perseus:text:2003.02.0001
　　　(Zugriff am: 11.11.2018).

Kohl, Kerstin Eleonora (2016): Quasus. Forschungstagebücher. Online im Internet:
　　　URL: https://quasus.ph-freiburg.de/das-forschungstagebuch/ (Zugriff am:
　　　18.10.2018).

Krause, Arnulf (2013): Die Welt der Wikinger. Hamburg: Nikol.

Lair, Jules Auguste (1865): De moribus et actis primorum Normanniæ ducum.

literacy.at (2018): literacy.at: VWA. Online im Internet: URL:
　　　http://www.literacy.at/index.php?id=354 (Zugriff am: 15.10.2018).

Lord Byron (1824): Don Juan (Byron) - Wikiquote. Online im Internet: URL:
　　　https://en.wikiquote.org/wiki/Don_Juan_(Byron) (Zugriff am:
　　　06.02.2019).

Löwe, Heinz (1951): „Studien zu den Annales Xantenses."In: (1951), S. 42.

Mcleod, Shane (2011): „Warriors and women: the sex ratio of Norse migrants to
　　　eastern England up to 900 ad." In: Early Medieval Europe, 19 (2011), H. 3,
　　　S. 332–353. Online im Internet: DOI: 10.1111/j.1468-0254.2011.00323.x

McTurk, Rory (1991): Studies in Ragnars Saga Loðbr ' okar and Its Major
　　　Scandinavian Analogues. Society for the Study of Mediaeval Languages and
　　　Literature.

Nationalmuseet København (2018): National Museum of Denmark. Clothes and
　　　jewellery. Online im Internet: URL: https://en.natmus.dk/historical-
　　　knowledge/denmark/prehistoric-period-until-1050-ad/the-viking-age/the-
　　　people/clothes-and-jewellery/ (Zugriff am: 26.01.2019).

Nationalmuseet København (2019): National Museum of Denmark. Women. Online
im Internet: URL: https://en.natmus.dk/historical-
knowledge/denmark/prehistoric-period-until-1050-ad/the-viking-age/the-
people/women/ (Zugriff am: 06.02.2019).

Newlon, Joan (Übers.) (2004): Fragmentary Annals of Ireland. Online im Internet:
URL: https://celt.ucc.ie//published/T100017.html (Zugriff am:
25.01.2019).

Open Source Initiative (2018): News | Open Source Initiative. Online im Internet:
URL: https://opensource.org/ (Zugriff am: 15.10.2018).

Pollard, Justin; Hirst, Michael (2015): The World of Vikings. 01 edition. San
Francisco: Chronicle Books.

Prosopography of Anglo-Saxon England (2019): Judith 1 (Female). PASE Index of
Persons. Online im Internet: URL:
http://www.pase.ac.uk/jsp/persons/CreatePersonFrames.jsp?personKey=34
19 (Zugriff am: 17.02.2019).

Rosendahl, Birgit; Güler, Fethiye (2018): Softwareangebot des ZID – Universität
Innsbruck. Online im Internet: URL: https://www.uibk.ac.at/zid/software/
(Zugriff am: 15.10.2018).

Roy Rosenzweig Center for History and New Media (2018): Zotero | Your personal
research assistant. Online im Internet: URL: https://www.zotero.org/
(Zugriff am: 15.10.2018).

Saga Museum Reykjavik (2016): Saga Museum. Overview. Online im Internet: URL:
https://www.sagamuseum.is/overview/ (Zugriff am: 25.01.2019).

Saxo, Grammaticus; Elton, Oliver; Powell, F. York (Frederick York) (1894): The first
nine books of the Danish history of Saxo Grammaticus. London, D. Nutt.
Online im Internet: URL: http://archive.org/details/firstninebookso00saxo
(Zugriff am: 06.02.2019).

Short, William (2019a): Hurstwic: Clothing in the Viking Age. Online im Internet:
URL:
http://www.hurstwic.com/history/articles/daily_living/text/clothing.htm
(Zugriff am: 26.01.2019).

Short, William (2019b): Hurstwic: Viking Age Arms and Armor. Online im Internet:
URL:

http://www.hurstwic.com/history/articles/manufacturing/text/arms.htm (Zugriff am: 27.01.2019).

Short, William (2019c): Hurstwic: Viking Helmets. Online im Internet: URL: http://www.hurstwic.com/history/articles/manufacturing/text/viking_hel mets.htm (Zugriff am: 27.01.2019).

Simek, Rudolf; Hermann Pálsson (1987): Lexikon der altnordischen Literatur. Stuttgart: A. Kröner (= Kröners Taschenausgabe).

Staggs, Matt (2015): Unbound Worlds. Meet the Man Who Makes Sure „Vikings" is Historically Accurate. Online im Internet: URL: https://www.unboundworlds.com/2015/04/meet-the-man-who-makes-sure-vikings-is-historically-accurate/ (Zugriff am: 17.01.2019).

Stevenson, Joseph (1853): The church historians of England. Translated from the original Latin, with a pref. and notes by Joseph Stevenson. London] Seeleys. Online im Internet: URL: http://archive.org/details/thechurchhistor202unknuoft (Zugriff am: 26.01.2019).

Strerath-Bolz, Ulrike (1993): „Rezension von Rory McTurk, Studies in ‚Ragnars saga loðbrókar' and Its Major Scandinavian Analogues." In: Alvíssmál, 2 (1993), S. 118–119.

Sturlson, Snorri (1230): Heimskringla or The Chronicle of the Kings of Norway - Index. Übersetzt von Samuel Laing. Online im Internet: URL: http://www.sacred-texts.com/neu/heim/index.htm (Zugriff am: 21.01.2019).

Swiss Academic Software GmbH (2018): Download | Citavi - Literaturverwaltung und Wissensorganisation. Online im Internet: URL: https://www.citavi.com/de/download (Zugriff am: 15.10.2018).

Titlestad, Torgrim (2018): Viking Legacy: A cornerstone of World Civilization. Übersetzt von Lars Walker. CreateSpace Independent Publishing Platform.

Tunstall, Peter (Übers.) (2005): Ragnarssona þáttr. Online im Internet: URL: http://www.germanicmythology.com/FORNALDARSAGAS/ThattrRagnarsSon ar.html (Zugriff am: 24.01.2019).

Ward, Jennifer (2006): Women in England in the Middle Ages. A&C Black.

Wikipedia (2018): „Anglo-Saxon Chronicle." In: Wikipedia. Online im Internet: URL: https://en.wikipedia.org/w/index.php?title=Anglo-Saxon_Chronicle&oldid=873171820 (Zugriff am: 24.01.2019).

Wikipedia (2019a): „Annals of Ulster." In: Wikipedia. Online im Internet: URL: https://en.wikipedia.org/w/index.php?title=Annals_of_Ulster&oldid=8799 48155 (Zugriff am: 24.01.2019).

Wikipedia (2019b): Jarl – Wikipedia. Online im Internet: URL: https://de.wikipedia.org/wiki/Jarl (Zugriff am: 14.01.2019).

Winroth, Anders (2018): Die Wikinger: Das Zeitalter des Nordens. Übersetzt von Susanne Held. 3. Druckaufl. Stuttgart: Klett-Cotta.

Winroth, Anders (2016): The Age of the Vikings. Reprint edition. Princeton University Press.

Yohannes, Alamin (2019): Inverse. Exclusive: The Most Popular TV Shows, January 2018. Online im Internet: URL: https://www.inverse.com/article/41357-best-tv-walking-dead-game-of-thrones-star-trek-disco-vikings-stranger-things (Zugriff am: 27.01.2019).

Þórðarson, Sturla (1350): Landnámabók (Sturlubók). Online im Internet: URL: https://www.snerpa.is/net/snorri/landnama.htm (Zugriff am: 25.01.2019).

Þorgeirsson, Haukur (2003): Krákumál. Krákumál. Online im Internet: URL: https://notendur.hi.is/haukurth/norse/reader/krakm.html (Zugriff am: 10.11.2018).

„Sweden" (1911): In: 1911 Encyclopædia Britannica. Volume 26. Herausgegeben von Hugh Chisholm.

Abbildungsverzeichnis

Die durch das Copyright-Symbol © angegebenen Rechteinhaber der jeweiligen Abbildungen stellen gleichzeitig auch die Bildquelle dar.

Abbildung 1: Die erste Seite des Angers Fragments der Gesta Danorum in der Handschrift des Saxo Grammaticus. (© Det Kongelige Bibliotek). 18
Abbildung 2: Ivar der Knochenlose (dargestellt von Alex Høgh Andersen, © History Channel). 32
Abbildung 3: Flóki (dargestellt von Gustaf Skarsgård, © History Channel). 34
Abbildung 4: Floki und Ragnar mit nicht authentischer Haartracht (© History Channel). 38
Abbildung 5: Reproduktion eines Wikinger-Helmes und Kettenhemdes (© Nationalmuseet København). 39
Abbildung 6: Aethelwulf in Begleitung eines Burgonet-tragenden Soldaten (© History Channel). 39
Abbildung 7: Der schwedische Odendisastein trägt die Inschrift: „Der gute Hausherr Holmgautr ließ errichten nach Odindisa, seiner Ehefrau. Es wird keine bessere Hausfrau nach Hǫsumýrar kommen, die über den Hof bestimmt. Rot-Balli ritzte diese Runen. Sigmundr war seiner Schwester gut." (Quelle: Wikimedia Commons). 43
Abbildung 8: Grab 581 aus Birka. (Quelle: Hedenstierna-Jonson 2017). 45
Abbildung 9: Lagertha mit einer Einheit von Schildmaids. (© History Channel)........46

Anhang

Dokumentation der E-Mail-Korrespondenz mit Experten

Korrespondenz mit dem Zentralen Informatik Dienst der Universität Innsbruck

Meine Anfrage:

Liebes ZID-Team,

ich besuche die 8ar des BG Dornbirn und schreibe momentan gerade an meiner vorwissenschaftlichen Arbeit (VWA) mit dem Thema „Fakt und Fiktion am Beispiel der Historienserie Vikings".

Von meinem Vater (er unterrichtet hier an der Universität Innsbruck am Institut für Wirtschaftspädagogik) habe ich erfahren, dass ich mich mit speziellen Software-Fragen an Sie wenden darf.

Ich habe zwei konkrete Fragen:

- Ich würde gerne für meine VWA eine Zitierhilfe verwenden. Könnten Sie mir eine entsprechende Software empfehlen, die auch von Schülerinnen verwendet werden darf und nicht zu schwierig zu bedienen ist?

- Ich suche eine Illustrationssoftware, um eine Grafik in einer Art „Personen-Stammbaum" zu erstellen. Hätten Sie hier einen Tipp für mich?

Ich bedanke mich ganz herzlich im Voraus für Ihre Mühe und freue mich auf Ihre Antwort.

Elias Häfele, Fraxern

Antwort des ZID-Teams:

Hallo Elias,

sehr gerne geben wir dir die folgenden Software-Empfehlungen für deine vorwissenschaftliche Arbeit:

Als Zitierhilfe stehen dir entweder Citavi free (Download unter: https://www.uibk.ac.at/zid/software/download/) oder das kostenlose Zotero (Download unter: www.zotero.org) zur Verfügung. Beide Zitierhilfen sind schnell erlernbar und haben sich im universitären Einsatz bewährt.

Geeignete Software für dein Vorhaben wären bspw. Corel Draw oder Mindmanager. Beide Programme kann dein Vater kostenlos über die Seite „Software für Universitätsbedienstete – Produktliste" beziehen. Universitätsbedienstete mit einem aktiven Dienstverhältnis können mit ihrer persönlichen Benutzerkennung hier Produkte bestellen und nach

Bearbeitung der Bestellung vom SWDL-Bereich
installieren.

Wir hoffen, dass wir dir weiterhelfen konnten und
wünschen dir viel Erfolg beim Abfassen deiner
VWA.

Mit freundlichen Grüßen,

ZID Software Team

Korrespondenz mit dem Kurator der Ausstellung „Die Wikinger"
des dänischen Nationalmuseums in Kopenhagen.

Meine Anfrage (Kontaktaufnahme und Frage zu weiterer Literatur):

Dear Mr. Nielsen!

Hello, my name is Elias and I'm from Fraxern, a tiny mountain village in the westernmost part of Austria. I'm 17 and am currently in the eighth grade. Last summer, I visited the Nationalmuseet with my family and really enjoyed the exhibition about the viking age and the artefacts therein. I kind of forced my family to visit the museum because I have to write a pre-academic paper in school to be able to graduate - that's because I chose a subject which has a close place in my heart: Vikings. I combined two of my greatest interests, history and entertainment, to choose my pre-academic work title: "Fact and fiction in the historical series Vikings". I've been reading a lot of books and papers about the subject - of which I found the ones listed below very helpful.

When I visited the museum, I asked a guide if he could provide me with the name of somebody who could help me answer a few questions regarding my paper - and he told me that if I need any help or advice, you'd be the best person to ask. An important question I'd like to ask you is: Could

you please provide me with some suggestions for
literature concerning that topic? I feel like
I've read up a bit on the subject, but your
professional opinion would mean a lot to me!

Thanks in advance for your valuable help and I
wish you all the best!

Elias Häfele

Antwort des Kurators:

Dear Elias Häfele,

It's good to hear from someone like you being
interested in the Vikings. There is a huge
literature about the topic. Not all would be easy
to find in bookshops in Austria, I think. So you
will have to go to a library and ask them to
order some books from central libraries - if you
are not in the situation to buy books from Amazon
or so. Those that I mention here are some of the
best, written by experts, with references to
further reading, and richly illustrated:

Richard Hall: Exploring the World of the Vikings.
Thames and Hudson, London 2007.

James Graham-Campbell: The Viking World. Frances
Lincoln, London 2001.

There are also exhibition catalogues that are like up-to-date handbooks, because they contain sections on special issues written by different scholars. One of the best - although not the newest - is:

'Vikings - The North Atlantic Saga', ed. by William W. Fitzhugh and Elisabeth I. Ward, published by Smithsonian Institution Press, Washington and London, 2000 (with a preface by no less than Hillary Rodham Clinton).

I wish you a happy time with the Vikings.

Best regards,

Poul Otto Nielsen

Curator Besøg Nationalmuseets hjemmeside

Danmarks og Middelhavslandenes Oldtid / Ancient Cultures of Denmark and the Mediterranean

Meine Anfrage zur Möglichkeit chinesischer Sklaven in Skandinavien

Dear Poul Otto Nielsen!

I hope you're well! Thank you for the incredibly swift and helpful answer! I ordered the first book on Amazon today - I'm sure it'll help me a great deal in my research!

Please allow me another question - in the show, there's this Chinese Princess character. She ended up in Kattegat because she claims she got picked up by slave traders somewhere in the Middle East. I wonder: Were the Slave Trade routes really so advanced back then that a slaver caravan could undertake such a journey? And - would it even have logistically (and logically) been possible? Were maps advanced enough that they knew what rivers to go up so they could make their way?

I really do hope I'm not bothering you - I'm just very fascinated by your line of work.

Thank you ever so much from snowy Austria

Elias

Antwort des Kurators

Dear Elias,

Now I understand - my son is also watching "Vikings" on TV.

Yes, I believe that Vikings took slaves everywhere they came, and possibly exchanged slaves abroad. Of cause, "Vikings" is fiction, and often extreme fiction, but Ibn Fadlan, which you mention as one of your sources, tells about an Arab meeting Vikings somewhere in Russia. Some Vikings could have gone all the way to Bukhara or Samarkand (now in Usbekistan), where some of the thousands of Arabic silver coins in Scandinavian treasures were minted. These cities were important trading centres and under Arabic rule in the Viking Age. Buchara is mentioned in Chinese written documents from the 5th century AD, and it is only 800 km from the border to China...

So, fiction yes, but the tale of a Chinese slave woman ending up in 'Kattegat' is not impossible.

Best regards,

Poul Otto Nielsen

Selbstständigkeitserklärung

Ich erkläre, dass ich diese vorwissenschaftliche Arbeit eigenständig angefertigt und nur die im Literaturverzeichnis angeführten Quellen und Hilfsmittel benutzt habe.

_____   _____

Ort, Datum   Unterschrift

Zustimmung zur Aufstellung in der Schulbibliothek

Ich gebe mein Einverständnis, dass ein Exemplar meiner vorwissenschaftlichen Arbeit in der Schulbibliothek meiner Schule aufgestellt wird.

_____   _____

Ort, Datum   Unterschrift

Hinweis: Diese Erklärung ist mit der ausgedruckten Arbeit zu binden.

Name des Schülers: Elias Häfele

Thema der Arbeit: Fakt und Fiktion am Beispiel der Historienserie „Vikings"

Name der Betreuungsperson:

Datum	Vorgangsweise	Besprechungen mit Betreuer
01.12.2017	Idee für VWA-Thema nach Brainstorming	
	Erste Einreichung meines Themas. Zwei Mal wird meine Einreichung zur Umformulierung zurückgewiesen.	
23.01.2018	Besprechung mit Betreuer	Vorstellung meiner Ideen, Abklärungen zu den Leitfragen und zur Gliederung.
16.02.2018	Thema wird online von meinem Betreuer akzeptiert	Thema wird nach Überarbeitung der Leitfragen und der Gliederung akzeptiert.
04.06.2018	Recherchen zu Fachliteratur ergeben, dass die aktuellsten und umfangreichsten Werke vorwiegend auf Englisch verfügbar sind. Ich werde mich daher vorwiegend mit englischsprachigen Quellen befassen.	

17.07.2018	Besuch des dänischen Nationalmuseums. Kontakt zum Kurator der Wikinger-Ausstellung. Einholen von Literaturtipps.	
18.07.2018	Während der kommenden Tage: Ansehen sämtlicher Staffeln von Vikings. Begleitendes Anfertigen von Notizen zu möglichen historischen Fehlern.	
28.07.2018	Literaturrecherche auf wissenschaftliche Open Access-Portale ausgeweitet.	
01.08.2018	Anlegen eines Benutzeraccounts für die Digitale Online-Bibliothek der Arbeiterkammer Österreich.	
04.08.2018	Kontaktaufnahme zu ZID (Zentraler Informatikdienst) der Universität Innsbruck. Anfragen zu Software zur Unterstützung der Zitierarbeit und nach Genealogie-Software.	
07.08.2018	Erlernen der Zitierhilfe Zotero. Entscheidung für Harvard-Zitierstil.	
16.08.2018		Telefongespräch: Abklärungen zur Literaturbeschaffung und zum Zeitplan.
01.09.2018	Anlegen der VWA in Word, Anlegen des Titelblattes und der einzelnen geplanten Kapitel sowie des Literaturverzeichnisses. Online-Recherche auf „Das 5x5 der VWA".	

30.09.2018	Schreiben der Einleitung bzw. die kurze theoretische Fundierung zum Kapitel **„Forschungstagebuch"**.	
01.10.2018	Schreiben des Kapitels „Welcher historischen Quellen bedient sich Vikings?" → sehr viel Zitierarbeit. Fast alle mittelalterlichen Quellen online auffindbar; auch vollständige (kostenlose) englische Kopie von Ahmad ibn Fadlāns Reisebericht zu den Wolgabulgaren (E-Book).	
25.10.2018	Begleitendes Lesen aller Quellen.	Austausch zur Serie „Vikings". Abklärungen zum Zeitplan und zu Arbeitshemmnissen (zu wenig Zeit).
05.11.2018	Idee, durch empirische Untersuchung (Auszählverfahren, deskriptive Statistik) die historischen Fehler der ersten Season im Vergleich zu weiteren Seasons zu untersuchen.	
07.11.2018	Konzeptuelle Überarbeitung (sämtliche Kapitel und Unterkapitel angelegt).	
15.11.2018	Abgabe der konzeptionell ausgearbeiteten VWA via E-Mail. Zwei Kapitel sind fertiggestellt. Literaturverzeichnis umfasst bereits 2 Seiten.	
17.11.2018	Sämtliche Arbeitsschritte werden im Forschungstagebuch fortlaufend dokumentiert.	Gespräch zu Aufbau, Inhalte und der sprachlichen Gestaltung → passt alles gut. Bekomme

		Hinweise zum Zitieren und zum Literaturverzeichnis.
28.12.2018	E-Mail an den Kurator des Dänischen Nationalmuseums, Herrn Poul Otto Nielsen: Anfrage bezieht sich auf Literaturempfehlungen ergänzend zur bisher verwendeten Leseliste. Kauf des Buches "Exploring the World of the Vikings" bei Amazon.co.uk.	
05.01.2019	Fertigstellen des Kapitels über die Haupt-Handlungsstränge in „Vikings" zur späteren textlichen Identifizierung der historischen Fehler.	
09.01.2019	Schreiben der Einführung zum Kapitel über die historischen Fehler.	
10.01.2019	E-Mail Austausch mit Herrn Nielsen vom Dänischen Nationalmuseum zum Thema Sklaven chinesischer Herkunft.	
11.01.2019	Beurteilung der historischen Fehler nach ihrem Schweregrad: Entwickeln eines dreistufigen Beurteilungsschemas. Grafische Markierung der Fehler.	
12.01.2019	Anlegen tabellarischer Wikinger-Zeittafel. Diese soll als Referenz für die Identifikation und Beschreibung chronologischer Fehler im 5. Kapitel dienen.	

19.01.2019	Herr Nielsen antwortet auf Frage zur Möglichkeit chinesischer Sklaven in Skandinavien → Durch die weitläufigen Handelsouten ist es nicht auszuschließen, dass Sklaven chinesischer Herkunft bis nach Skandinavien gelangten. Ich kann dies also nicht als historischen Fehler werten.	
20.01.2019	Meilenstein: Mehr als 70 Prozent der Arbeit fertiggestellt.	
22.01.2019	Eintrag zu Lathgertha fertig gestellt - ich konnte eine Aussage mit zwei direkten Zitaten aus der Originalquelle (Gesta Danorum von Saxo Grammaticus) untermauern. Fast alle historischen Quellen (Sagas und Geschichtswerke) lassen sich inzwischen auch in übersetzter Form (in Englisch und Deutsch) kostenlos im Internet finden → **historisches Quellenstudium** als Forschungsmethode auch für Schülerinnen anwendbar.	
23.01.2019		Größere Teile der Arbeit vorgelegt.
25.01.2019	Sämtliche historischen Personenfehler ausformuliert.	
28.01.2019		Persönliches Gespräch: Rückmeldungen zur Arbeit und Besprechung zum weiteren Vorgehen / Zeitplan.

04.02.2019	Entschluss, die Fehlerhäufigkeit der einzelnen Seasons grafisch zu vergleichen (wegen Ordinalskalenniveau der Fehlereinteilung). Verzicht auf weitere deskriptiv-statische Maßnahmen, die nicht zielführend wären.	
05.02.2019	In Nachtsitzung Fertigstellung des Fehlereintrag zu den Schildmaids. Einbeziehung aktueller Paper aus Open Access- Wissenschaftsportalen. Erstellen Häufigkeitstabelle der historischen Fehler als Grundlage für die Hypothesenprüfung; Abschließen der Auswertung.	
06.02.2019	Fertigstellen des Vorworts und der Zusammenfassung. Die einzelnen Arbeits- bzw. Forschungsschritte in der Zusammenfassung stelle ich zur besseren Übersicht teilgrafisch in Form einer Tabelle dar. Schreiben des Abstracts. Ausdrucken der fast vollständigen Arbeit (nur die Einleitung fehlt noch).	
07.02.2019	Abgabe der gedruckten Arbeit im Unterricht. Am Nachmittag Fertigstellen der Einleitung und Senden der nun kompletten Arbeit (inklusive Formatierungen, Bildern, Abbildungsverzeichnis etc.) an meinen Betreuer.	

14.02.2019	Treffen mit Betreuer in der Schule.	Gespräch zur Endfassung. Durchgehen der korrigierten Arbeit. Besprechen der einzelnen Fehlerarten und Korrekturhinweise.
15. bis 18.02.2019	Einarbeiten der Korrekturvorschläge, Ausbessern der Fehler. Erstellen des Begleitprotokolls.	
18.02.2019	Zweifaches Ausdrucken der korrigierten Endfassung. Binden beider Arbeiten. Online-Abgabe der Arbeit. Unterschreiben der Selbständigkeitserklärungen.	
19.02.2019	Abgabe der beiden gedruckten Arbeiten sowie der Begleitprotokolle im Sekretariat.	

Die Arbeit hat eine Länge von **57.565** Zeichen (inkl. Leerzeichen, ausgenommen Vorwort, Inhalts-, Literatur- und Abkürzungsverzeichnis sowie Anhang, inklusive Abstract).

----------------------------   ---

Ort, Datum   Unterschrift der Schülerin/des Schülers
        (nur bei der Beilage zu den ausgedruckten Exemplaren notwendig)

Folie 1:

Notizen:

- **Begrüßung** mit persönlicher Anrede und Nennung des Themas

- Persönliche (ukltrakurze) **Vorstellung**

Folie 2:

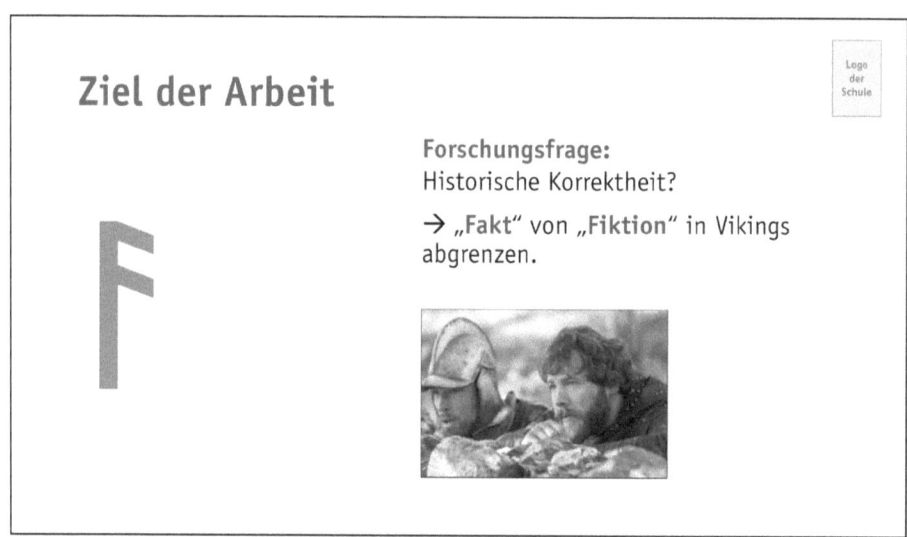

Notizen:

- Wie **historisch korrekt** ist die Serie verglichen mit Fachliteratur und historischen Quellen?

- Inwieweit kann man **faktenbasierten** TV-Produktionen **vertrauen**?

- Bildbeispiel: Der **Burgonet-Helm** gehört in die **Renaissance.**

- Hinweis auf Runen-Alphabet (Futhark) als visueller Anker für die Folien.

Folie 3:

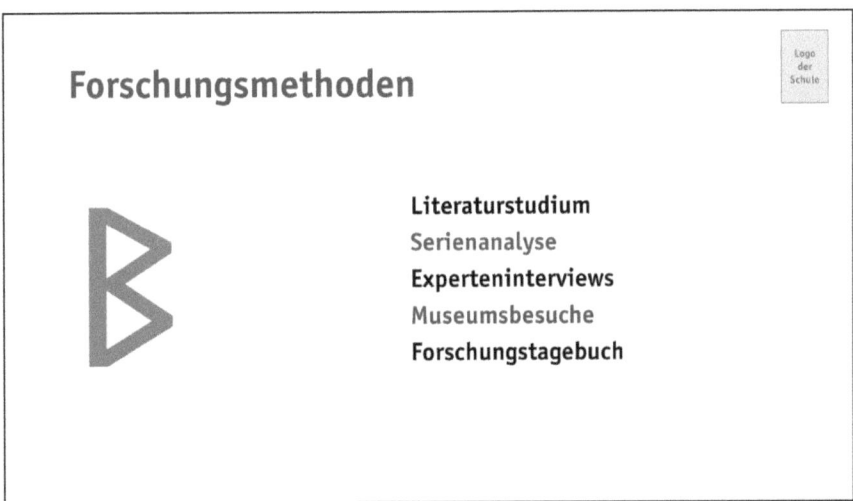

Notizen:

- **Experteninterviews:**
  Poul Otto Nielsen, Kopenhagen zum Thema chinesische
  Prinzessin, Logistik

- **Museumsbesuche:**
  Nationalmuseet Kopenhagen, Poul Otto ist dort Kurator

- **Forschungstagebuch:**
  Ist gleichzeitig Lerntagebuch und hat auch formativen Charakter

Folie 4:

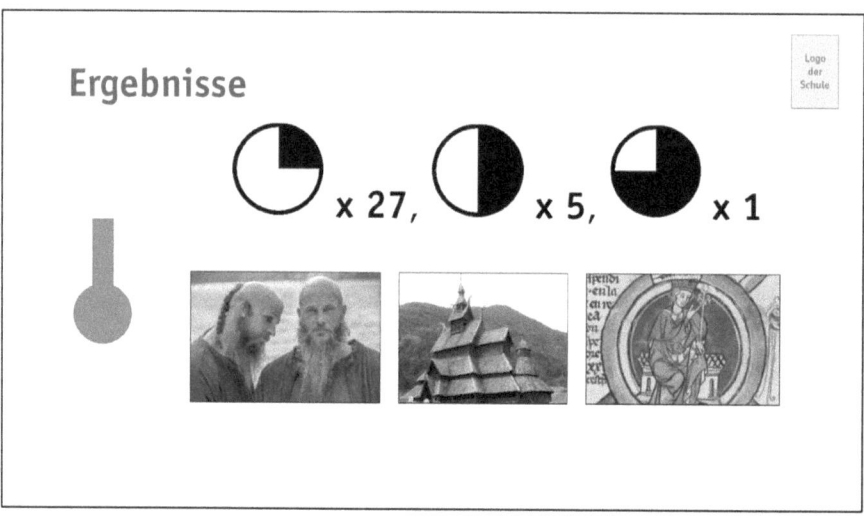

Notizen:

- Gefundene und verifizierte **Fehler:** Unterscheidung in leichte – mittelschwere – schwere Fehler. Fehlertypen werden durch **„Tortengrafik"** visualisiert.

- Zwei **Beispiele** für **leichte Fehler:** Geschorene Hare – Kälte, wäre sehr unpraktisch. Ist aber ästhetisch ansprechend und für die TV-Charaktere wichtig. Statt greller Leinenkleidung sehr dunkle Farben, keine Kettenhemden.

- Beispiel **mittelschwerer Fehler:** Stave (Stab)-Kirche – erst während Christianisierung – Uppsala, während Blot Menschenopfer.

- Beispiel **schwerer Fehler:** Alfred der Große – Sohn von Aethelstan und Judith von Flandern – dramaturgisch nicht notwendig – Aethelstan ist rein fiktive Figur.

Folie 5:

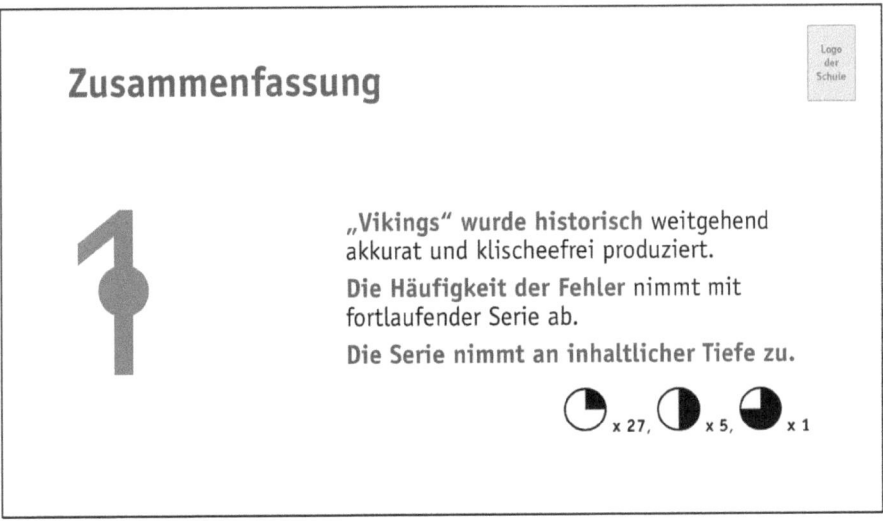

Notizen:

- „Vikings" ist zum größten Teil **akkurat und klischeefrei;** im Verlauf der Serie nimmt diese an inhaltlicher Tiefe zu und wird klischeefreier.

- Zusammenfassung Fehler

- Die erste Season behandelt mehr Charaktere, deswegen auch höhere Fehlerhäufigkeit.

- **Dank an Publikum**

- **Überleitung** zur **Diskussion**